AF465449

TABLETTES
HISTORIQUES
ET CHRONOLOGIQUES,

CONTENANT les faits les plus mémorables de notre Monarchie, avec les noms des perſonnes qui ſe ſont diſtinguées dans les Sciences & les Arts juſqu'à nos jours.

A PARIS,
[*Du fonds de* CL. HÉRISSANT]
Chez NYON l'aîné, Libraire, rue Saint-Jean-de-Beauvais.

M. DCC. LXXVI.
Avec Approbation & Privilege du Roi.

A SON ALTESSE
MONSEIGNEUR LE PRINCE
DE LAMBESC.

MONSEIGNEUR,

LES bontés dont vos Illustres Parens m'honorent depuis près de dix ans, que j'ai l'honneur de leur être attaché, me font reclamer les vôtres avec confiance. J'ose donc, MONSEIGNEUR, offrir à V. A. ce petit Essai Historique qui peut aider sa mémoire dans la connoissance des faits. Cette étude est la première étude des Princes : les heureuses dispositions que vous montrez, annoncent que vous y ferez bientôt des progrès. Je me trouverai heureux, si V. A. jettant quelquefois les yeux sur ces Tablettes, honore l'Auteur de son souvenir.

Je suis avec un profond respect,

MONSEIGNEUR,

De VOTRE ALTESSE,

Le très-humble & très-obéissant serviteur
B. D. L. T.

PREFACE.

TOut le monde aujourd'hui veut être instruit, & très-peu de gens veulent se donner la peine de lire de gros Volumes : en voici un qui n'effrayera personne, ni par sa grosseur, ni par la difficulté de l'entendre : il est très-proportionné à la légereté de la plûpart de mes Concitoyens ; & les plus paresseux d'entre eux peuvent y prendre promptement les notions d'Histoire qu'on ne sçauroit se dispenser d'avoir. Ce sont mes Tablettes que je livre à l'Impression ; j'y avois consigné la suite des principaux événemens pour mon propre usage. On m'a observé que nombre de gens ne seroient pas fâchés d'avoir de pareilles Notes, & je me suis rendu : au reste les Sçavans qui n'ont pas besoin de ce petit secours, sont dispensés d'y recourir ; mais je l'offre de bon cœur à tous ceux que leurs affaires ou autres ſoins ſauvent de l'ennui de l'étude, & ſur-tout aux Dames, qui peu faites pour s'appéſantir ſur des diſcuſſions chronologiques, ſeront bien-aiſe de retrouver un Tableau raccourci de l'Hiſtoire, après s'être amuſées des détails. Quand je ne ſerois utile qu'à cette belle partie de la ſociété, je ne croirois point avoir perdu mes peines.

TABLETTES

TABLETTES HISTORIQUES.

SIECLES AVANT L'ERE CHRE'TIENNE.

I. Epoque.

ADam, création du monde 4000.

II. Epoque.

Noé ou le déluge universel.

Tour de Babel, dispersion. 2348.

Nemrod fondateur du premier Empire des Assyriens. Belus. 2204.

Mesraïm premier Roi des Egyptiens. Leurs Loix, leur Police, leurs Pyramides, les observations astronomiques tant de ces peuples que des Chaldéens. 2188.

Fondation du Royaume de Sicyone en Grece. 2089.

III. Epoque.

Vocation d'Abraham. 1921.

Fondation du Royaume d'Argos en Grece, par Inachus. 1856.

Déluge d'Ogyges.

Isaac, Jacob appellé Israël & ses enfans Israëlites. De lui naissent les douze Patriarches peres des douze Tribus du peuple Hebreu. 1759.

Joseph mené en Egypte, vendu à Putiphar, il fait venir sa famille en Egypte, elle y reste 215. ans. 1728.

Rois Pasteurs en Egypte.

Fondation du Royaume d'Athènes en Grece par Cecrops avec une colonie d'Egypte : il établit l'Aréopage. 1556.

Thèbes fondée par Cadmus. Après la mort de Xantus, les Thebains s'érigerent en République. 1519.

Déluge de Deucalion en Grece, fondation du Royaume de Lacedémone. 1516.

Lelex premier Roi.

I V. Epoque.

Paſſage de la mer rouge, ſortie d'Egypte, Amenophis eſt englouti dans la mer, Loi donnée à Moyſe; il conduit le peuple Juif dans le déſert pendant 40. ans. 1591.

Seſoſtris fils d'Amenophis lui ſuccéde.

Danaüs ſe rend maître d'Argos au Péloponèſe. 1474.

Mort de Moyſe, il laiſſe aux Iſraélites leur hiſtoire. 1451.

Joſué.

Atlas.

XIV. SIECLE

AVANT JESUS-CHRIST.

PErsée abandonne Argos, & va fonder le Royaume de Micènes. 1376.

Bel Roi des Chaldéens reçoit de ses peuples les honneurs divins. 1322.

Jupiter regne en Crete, Saturne & Janus en Italie.

Pelops regne au Péloponèse.

Sisiphe à Corinthe.

Bellerophon, Bacchus, Io, Apis.

Josué, Othoniel & Aod gouvernent le peuple de Dieu sous le nom de Juges.

XIII. SIECLE

AVANT JESUS-CHRIST.

EXpédition des Argonautes. 1284.

Fondation du premier Empire des Assyriens, le siége à Ninive fondé par Ninus fils de Bel. 1267.

Les combats d'Hercule fils d'Amphytrion, ceux de Thesée Roi d'Athènes; il donne une forme de gouvernement à ce Royaume. 1252.

Orphée, Castor & Pollux, Œdippe, Pirithoüs.

Tyr fondée. 1247.

Semiramis, Reine des Assyriens, pénétre jusqu'à l'Inde.

Débora Prophetesse, Gédeon fait tomber les murailles de Jérico.

XII. SIECLE

AVANT JESUS-CHRIST.

V. Epoque.

LA ville de Troye déja priſe par les Grecs ſous Laomedon pere de Priam, réduite en cendre par les Grecs. Helene enlevée par Paris fils de Priam premier Roi de Troye, fut la cauſe de ſa ruine. 1184.

Antenor ſorti de Troye, fonde Padoue. Voyage d'Enée en Italie où il fonde Albe.

Les Héraclides s'emparent du Péloponèſe.

Protée regne en Egypte.

Samſon, vœu de Jephté. 1151.

XI. SIECLE

AVANT JESUS-CHRIST.

SAmuel ſacre Saül premier Roi du peuple de Dieu. 109[illegible]

David. 1066.

Codrus dernier Roi d'Athènes ſe dévoue à la mort pour le ſalut de ſon peuple, Medon ſon fils premier Archonte. Colonie Grecque dans l'Aſie minenre.

X. SIECLE

AVANT JESUS-CHRIST.

VI. Epoque.

SAlomon, le Temple achevé. 1000.

Roboam, division du Royaume d'Israël & de Juda. 971.

Roboam réduit à deux Tribus par la révolte de Jeroboam.

Jeroboam est élu Roi par les dix Tribus révoltées.

Samarie bâtie. 923.

Pharaon Roi d'Egypte donne sa fille à Salomon.

Sésostris succéde à Pharaon, il soumet les Scythes, il se tue.

Pigmalion Roi de Tyr.

IX. SIECLE

AVANT JESU-SCHRIST.

JOram fils de Josaphat, & Athalie regnent en Juda.

Achaz & Jézabel en Israël.

Ozias, Joathan, Jehu.

Licurgue donne des Loix à Lacedemone. 884.

Mort d'Athalie, Joas regne en Israël. Elie, Elisée. 878.

Isaïe, Jonas, Osée, Joël.

Carthage fondée par Didon sortie de Tyr. 846.

Homere, Hesiode.

VIII. SIECLE

AVANT JESUS-CHRIST.

CAranus fonde le Royaume de Macedoine. 794.

Commencement de l'Ere commune des Olympiades. 776.

Les jeux olympiques établis par Hercule, rétablis par Iphitus.

Sardanapale Roi des Assyriens. Il se brûle dans son Palais. Fin du premier Empire des Assyriens : des débris de cet Empire ; il s'en forme trois. 767.

Celui des Assyriens de Babylone. Nabonassar premier Roi dont l'Ere commence en 747.

Celui des Assyriens de Ninive, Ninus le jeune premier Roi.

Et celui des Medes, Arbace premier Roi.

VII. Epoque.

Rome fondée par Romulus. 754.

Première guerre entre les Messeniens & les Lacedémoniens.

Les Héraclides tiennent le Royaume de Lydie pendant 500. ans. Argon fut le premier Roi. 736.

Salmanasar Roi de Ninive prend Samarie, & emmene les dix Tribus en captivité. Ainsi finit le Royaume d'Israël. 721.

Cyrus fait mourir Candaule Roi de Lydie, & regne en sa place. 718.

Mort de Romulus, Numa Pompelius lui succéde. 715.

Syracuse fondée, Crotone & Tarente. 709.

Ezechias Roi de Juda est délivré de Sennacherib dont le fils Assaraddon réunit Babylone à Ninive.

Assaraddon envoie des Cuthéens habiter Samarie, & leur donne un Prêtre Israélite qui leur apporte le Pentateuque.

VII. SIECLE
AVANT JESUS-CHRIST.

EN Grece seconde guerre entre les Lacedémoniens & les Messeniens. 684.

Archiloque.

Combat des Horaces & des Curiaces sous Tullus Hostilius : par ce combat Albe est soumise à la domination des Romains. 672.

Ancus Martius Roi de Rome.

Tyrtée Poëte célébre en Grece. 640.

Thalès de Milet, fondateur de la secte Ionique.

Nabopolassar Roi des Medes détruit Ninive. 626.

Dracon Législateur d'Athènes. 634.

Tarquin dit l'ancien, soumet les Toscans, fonde le Capitole Servius Tullius : il soumet les Véïens. 610.

Commencement des 70. ans de captivité du peuple Juif. Holopherne tué par Judith. Manassé, Josias, Joachim, Jechonias, Sédecias regne à Jerusalem. 603.

VI.

VI. SIECLE
AVANT JESUS-CHRIST.

EZéchiel, Daniel, Jérémie, Tobie.

Nabuchodonosor II. ruine Jerusalem après 13. ans de siége, il subjugue l'Egypte, il prend Tyr, il fait jetter les trois jeunes Hebreux dans la fournaise, il est réduit à la condition des bêtes. 588.

Cyrus Roi des Medes. Babylone est détruite.

Cyrus joint le Royaume de Perse à celui des Medes, & fonde le plus grand Empire du monde. 536.

VIII. Epoque.

Cyrus permet aux Juifs leur retour en Judée. Les Juifs rebâtissent le Temple de Jerusalem malgré les Samaritains.

-- Æsope à la cour de Crésus.

-- Bataille de Thymbrée entre Crésus & Cyrus : prise de Sardes par Cyrus ; il prend Crésus. Fin du Royaume de Lydie.

Cambyse fils de Cyrus attaque

l'Egypte, & la réunit à l'Empire des Perses. 529.

Le faux Smerdis tué.

Darius fils d'Hystape succéde à Cambyse. Esther.

Solon donne des Loix aux Athéniens. Les sept Sages : Thalès de Milet, Pittacus, Bias, Solon de Salamine, Mysson de Sparte, Cleobule, Chilon. 594.

Pythagore, Simonide Poëte. 564.

Polycrate tyran de Samos.

Pisistrate se rend maître d'Athènes. 559.

Heraclite. Xenophane. 544.

Ctesiphon architecte célebre bâtit le Temple de Diane à Ephèse. 540.

Les Athéniens rétablissent leur Etat populaire. 510.

Marseille fondée par une Colonie de Phocéens.

Irruption des Gaulois en Italie sous Bellovese, en Germanie sous Segovese.

Sybarites battus par Milon de Crotone.

A Rome Tarquin le Superbe se place sur le thrône, en chasse son beau-pere Servius Tullius, & le fait assassiner. Tullie sa femme, pour ne se pas détourner, foule son pere aux pieds de ses chevaux. 534.

Les Romains lassés de la domination de Tarquin, & choqués de l'outrage fait par son fils à Lucrèce femme de Collatin, le chasserent & abolirent la Royauté. 509.

Consuls établis, Lucius Junius, Brutus avec Tarquinius Collatinus premiers Consuls.

Porsenna Roi d'Etrurie entreprend de remettre les Tarquins sur le thrône; il assiége Rome. Horatius Cocles soûtient seul tout l'effort des ennemis sur un pont, pendant qu'on coupe. Mutius Scevola se glisse dans le camp de Porsenna, il tue son Sécretaire, trompé par la ressemblance; & brûle sa main droite pour la punir de son erreur. Porsenna propose la paix. 507.

Valerius Publicola succéde aux premiers Consuls, & meurt si pauvre que l'on ne lui trouve pas de quoi le faire enterrer.

V. SIECLE

Avant Jesus-Christ.

Artaxerxès Longue main Roi de Perse permet à Néhémie & aux Juifs de rebâtir Jerusalem. 454.

Esdras.

Caracteres Chaldaïques : les Hébraïques restent aux Samaritains. 431.

Beaux jours de la Grece, Miltiade bat l'armée immense de Darius dans la plaine de Maraton avec dix mille Athéniens. 491.

Combat de Leonide avec 300 Spartiales au passage des Thermopyles, contre l'armée de Xercès Roi de Perse. 480.

Pausanias Lacédemonien est mis à mort sous le prétexte d'intelligence avec Xercès. 474.

Themistocle Athénien, pour éviter pareil sort, se retire chez Admette Roi des Molosses. 473.

Xercès tué par Artabane Capitaine de ses Gardes. 472.

Fin de la guerre entre les Grecs & les Perses. 449.

Pericles Athénien commence la guerre du Péloponèse : cette guerre dure 27 ans, & finit à l'avantage de Lacédemone. 431.

Entreprise des Athéniens sur Syracuse. Bataille de Salamine.

Darius Nothus succéde à l'Empire de Perse. 424.

Les Athéniens se rendent maîtres de Cythére.

4. Alcibiade chef des Athéniens est rappellé à Athènes pour répondre aux accusations intentées contre lui, il est
1. condamné. 415.

Les Lacédemoniens défont les Athéniens auprès d'Ephèse. 406.

Lysandre se rend maître d'Athènes,
1. & change la forme du Gouvernement. 404.

Trasibule chasse les Tyrans d'Athènes, & y rétablit la liberté. Denys s'é-
0. tablit Tyran de Syracuse.

Retraite du peuple Romain sur le
4. mont Aventin, Loi sacrée qui leur accorde des Tribuns. 489.

A Rome Coriolan cité devant les Tri-
73. buns est exilé: il se réfugie chez les Volsques, il soumet presque tout l'Etat
72. des Romains : ils députent vers lui sa mere, sa femme & les Dames Romai-
49. nes vétues de dueil, qui obtiennent grace. Coriolan périt de la part des Volsques.

Les Romains vont chercher Cincinnatus à la charrue, pour commander en qualité de Dictateur : il délivre Rome, & retourne à la charrue.

Les Romains envoient demander à Athènes les Loix de Solon. 455.

Decemvirs créés, qui dressent la Loi des douze Tables. 450.

Mort de Virginie tuée par son pere pour l'arracher à la brutalité de Clodius un des Decemvirs.

Les Decemvirs devenus tyrans sont chassés.

Aristide, Epaminondas, &c.
Anacreon, Poëte.
Pindare.
Thucydide, Hist.
Socrate.
Phidias, arch. & sculpt.
Hipocrate.
Xenophon.
Myron, sculpt.
Aristophane, Poëte.
Herodote.
Isocrate.
Democrite.
Anaxagore.
Platon, disciple de Socrate.
Sophocle & Eurypide.

IV. SIECLE

AVANT JESUS-CHRIST.

ARtaxerxès Mnemon Roi de Perse. Entreprise de Cyrus le jeune pour la Couronne de Perse. Retraite des dix mille Grecs. Xenophon. 400.

Ligue contre Sparte.

Guerre sacrée.

Nouvelles tentatives des Carthaginois sur la Sicile.

Philippe monte sur le thrône de Macédoine, prend Amphipolis, assujettit toute la Grece à la journée de Cheronnée. 360.

Naissance d'Alexandre : à l'âge de 18 ans, il enfonce les troupes Thébaines & la troupe sacrée, il détruit Thebes, & n'épargne que les descendans de Pindare. 356.

Darius Codoman Roi de Perse.

Alexandre marche contre lui à la tête des Grecs.

Bataille du Granique en Phrygie.

Autre bataille près la ville d'Issus, où la mere, la femme, le fils & la fille de Darius sont faits prisonniers. Alexandre prend Tyr, fonde Alexandrie. Jaddus appaiſe Alexandre qui menace Jeruſalem.

Bataille d'Arbelles. Darius ſe ſauve dans la Médie, Beſſus le fait tuer. Alexandre touché de cette mort fait couper à Beſſus le nez & les oreilles, & le fait crucifier. 312.

Les Monarchies des Perſes & des Medes finiſſent avec Darius Codoman : cet Empire avoit duré 206 ans depuis le grand Cyrus.

Victoire ſur les Scythes.

Victoire ſur Porus au paſſage de l'Hydaſpe, Alexandre lui rend ſes Etats. Alexandre épouſe Roxane.

Thaleſtris Reine des Amazones vint viſiter Alexandre.

Alexandre meurt à Babylone âgé de 33 ans, ſa famille eſt immolée & détruite : ſes Capitaines ſe partagent ſon Empire, & en forment quatre. 323.

Celui d'Egypte fondé par Ptolemée fils de Lagus, premier Roi de la race des Lagides.

Celui de Macedoine en Europe par Caſſandre fils d'Antipater, il s'empare d'Athènes, il fait mourir Roxane & ſon fils Alexandre. 321.

Celui de Syrie par Seleucus, qui ſe rend maître de Jeruſalem. Race des Seleucides. 320.

Ere des Juifs. 311.

Celui de Thrace —— Liſymaque.

Demetrius Poliorcetes ſe rend maître d'Athènes, de Salamine & de toute l'Iſle de Cypre. 306.

Coloſſe de Rhodes conſtruit du prix des machines qui avoient ſervi à Demetrius à faire le ſiége de cette ville. 303.

Brennus Général des Gaulois prend Rome, la pille, & la réduit en cendres. Vigoureuſe réſiſtance de Manlius Torquatus qui repouſſe l'ennemi. Soupçonné enſuite de vouloir ſe faire élire Roi, Manlius eſt précipité du haut du Capitole qu'il avoit défendu. 391.

Guerre des Samnites où les Romains ſont défaits.

Guerre des Latins. Manlius condamne à mort ſon fils revenu victorieux pour avoir combattu ſans ordre.

Guerre de Tarente pour tirer raiſon de l'outrage fait aux Ambaſſadeurs Romains.

Demoſthène.	Ariſtote.
Epicure.	Zenon.
Menandre.	Liſippe.
Diogene.	Euclide.
Confucius en Chine.	Apelle.

III. SIECLE.

AVANT JESUS-CHRIST.

PTolemée Philadelphe regne en Egypte. 285.

Les Juifs se répandent dans l'Asie mineure & en Egypte. 278.

Version de l'ancien Testament en Langue Héllinestique, par les septante sçavans Vieillards qu'Eleazar envoie à Ptolemée Philadelphe. 277.

Pyrrhus Roi d'Epire appellé par les Tarentins, fait la guerre aux Romains, & les bat auprès d'Heraclée. 280.

Pyrrhus rend aux Romains leurs prisonniers sans rançon. Le Consul Fabrice lui renvoie son médecin qui avoit offert d'empoisonner son maître. 278.

Pyrrhus battu par les Romains, est forcé de quitter l'Italie; Tarente est démolie. Les Romains y trouvent des richesses immenses.

Pyrrhus fait la guerre aux Lacédemoniens & aux Argiens, il est tué dans Argos.

Agis veut rétablir les anciennes Loix de Sparte, & est mis à mort.

L'armée des Gaulois conduite par Brennus dans la Gallo-Grece, périt dans l'entreprise du Temple de Delphe. 279.

Ligue des Achéens, Aratus, Philopemen. Royaume de Capadoce, Ariarate. Les Juifs se répandent dans l'Asie mineure protegés par Seleucus le Dieu. 279.

Commencement de l'Empire des Parthes fondé par Arsace. 250.

Ptolemée Evergete regne en Egypte. 246.

Antiochus le Grand regne en Syrie. 223.

Le Colosse de Rhodes renversé par un tremblement de terre. 222.

Ptolemée Philopator regne en Egypte. 221.

Ptolemée Epiphane lui succéde. 204.

Les Carthaginois appellés en Italie par les Tarentins contre les Romains, sont battus : toute l'Italie soumise aux Romains.

Première guerre Punique : la querelle des Messinois alliés des Romains, avec Hieron Roi de Syracuse allié des Carthaginois, y donne lieu : elle dure 24 ans. 263.

Attilius Regulus met le siége devant Carthage, il est vaincu par

Xantippe Lacédemonien, & fait prisonnier. Les Lacédemoniens le renvoient sur sa parole pour traiter de la rançon des prisonniers, il détourne les Romains du traité d'échange, & retourne à Carthage où il est condamné à mourir dans un tonneau rempli de pointes. 254.

Deuxiéme guerre Punique. Carthage lassée de payer le tribut, reprend la guerre, & met à la tête de ses troupes Annibal : elle dure 17. ans. 218.

Bataille de Thrasimene, où Annibal défait les Romains. 216.

Bataille de Cannes, Varon vaincu par Annibal : les Carthaginois y font un si grand carnage, que l'on envoie à Carthage un boisseau d'anneaux d'or des Romains : il s'arrête à Capoue, & Rome est sauvée. 215.

Les Carthaginois rappellent Annibal en Afrique pour l'opposer au eune Scipion. Les Carthaginois battus reçoivent la paix que leur accorde Scipion, nommé l'Afriquain.

Asdrubal battu en Espagne par les deux Scipions. 214.

Marcellus se rend maître de Syracuse défendue par Archimede, elle est réunie à l'Empire Romain. 212.

Scipion se rend maître de toute l'Espagne.

IX. Epoque.

Carthaginois vaincus par Scipion l'Afriquain. 202.

Scipion ayant pris Carthage la neuve (*), éleve un Temple à la Chasteté : il refuse de voir une Captive d'une beauté accomplie, & la renvoie au Prince des Celtibériens à qui elle étoit promise.

Les deux Scipions sont tués en Espagne.

Fin de la seconde guerre Punique 200.

Panætius.

Callimaque.

Théocrite.

(*) Carthagene.

II. SIECLE AVANT JESUS-CHRIST.

PTolemée Philometor regne en Egypte, il juge la dispute de la prééminence du Temple de Jerusalem sur celui des Samaritains, & en fait bâtir un pareil. 180.

Simon chasse les Syriens de Jerusalem, il obtient les droits royaux, il commence la principauté des Asmonéens.

Antiochus Epiphane, ou l'Illustre, profane & entreprend de ruiner le Temple; il est frappé de la main de Dieu, & meurt dans de cruelles douleurs. 171.

Judas Machabée & ses freres. Alliance des Juifs avec les Romains. Eléazar, &c. 162.

Hyrcan fils de Simon réunit l'Idumée au Royaume de Judée, il détruit Samarie & le Temple de Garizim. 129.

Paul Emile chargé de la guerre contre Persée Roi de Macédoine, met fin à ce Royaume. Métellus fait prisonnier Philippe usurpateur du thrône, la Macédoine est réduite en Province Romaine. 168.

Troisiéme guerre Punique, elle dure 4. ans. 139.

Carthage assiégée par les Romains, réduite en cendre par Scipion Æmilien ou l'Afriquain. Annibal détermine Antiochus Roi de Syrie à se déclarer contre les Romains. Antiochus est battu sur mer & sur terre par Scipion l'Asiatique frere de l'Afriquain, & réduit à demander la paix, qu'il ne reçoit qu'à condition de livrer Annibal qui se réfugie dans l'isle de Crète : il se donne la mort pour éviter de tomber entre les mains des Romains. 148.

Balas usurpateur de Syrie est déthrôné par Démétrius Nicator. Cléopatre femme de Balas le quitte pour épouser son ennemi. Balas est remis sur le thrône, Démétrius périt, Cléopatre présente la coupe empoisonnée à son fils Antiochus Grypus qui revenoit victorieux des rebelles de Syrie; elle est empoisonnée de cette même coupe. 146.

Métellus passe dans l'Achaïe, Mummius lui succéde. Corinthe la ville la plus ornée de la Grece est ruinée, la Grece est réduite en Province Romaine, les Achéens transportés en Italie, le jeune Polybe est amené avec eux.

On accuse Scipion d'avoir reçu de

l'argent d'Antiochus pour faire la paix : il ne répond rien à cette accusation, sinon qu'il avoit vaincu les Carthaginois à pareil jour, & va au Temple suivi de tout le peuple.

Scipion l'Afriquain assiége Numance en Espagne, les Romains la forcent & la rasent. Tous les habitans se tuent de désespoir. 133.

Scipion l'Afriquain est trouvé mort dans son lit, on en soupçonne Caïus, sa tête est mise à prix ; il prévient le coup, & se fait tuer par un de ses esclaves.

Marius délivre les Gaules & l'Italie de trois cent mille Barb ares venus de Germanie sous le nom de Teutons & de Cimbres : les femmes se défendent ; mais voyant que tout est désesperé, elles massacrent leurs enfans, & se tuent elles-mêmes.

Attalus Roi de Pergame fait le peuple Romain son héritier.

La Gaule Narbonnoise reçoit le nom de Province Romaine, Fabius dompte les Allobroges. 131.

Guerre de Jugurtha Roi de Numidie, il se souille du meurtre de ses freres. 129.

Sextius fonde Aix.

Gracchus tué par Nasica.

Plaute. Terence. Théophrast
Straton Phi. Ennius Poëte, &

I. SIECLE

AVANT JESUS-CHRIST.

SPartacus à la tête des gladiateurs aſpire au commandement, & fait la guerre. 73.

Guerre des eſclaves redoutable aux Romains, Pompée marche contre eux & les défait.

Antiochus l'Aſiatique regne en Syrie. 69.

Mithridate Roi de Pont, ſurnommé le Grand, fait égorger tous les Romains qui ſe trouvent dans l'Aſie mineure. 88.

Il défait les alliés des Romains, & fait mourir Æquilius Général Romain : les Romains envoient contre lui une armée commandée par Silla, Marius en conçoit de la jalouſie : Silla contraint Marius de ſortir de Rome, Silla marche en Aſie, défait Mithridate. Marius entretient des intelligences avec le Conſul Cinna, il entre dans Rome & y maſſacre les Partiſans de Silla, il s'empare du Conſulat. 67.

Silla après avoir réduit le Roi de Pont revient d'Aſie, il remplit Rome & l'Italie de meurtres : Rome ſous ſa dictature eſt en ſervitude, enfin il deſcend volontairement de la dictature à la condition privée.

Conjuration de Catilina qui devoit être ſuivie du maſſacre des Conſuls & des Sénateurs, du ſac & de l'embrâſement de Rome. Ciceron inſtruit le peuple de la conjuration.

Tygrane Roi d'Arménie ſe joint à Mithridate, ils ſont battus par Lucullus, & enfin par Pompée qui ſoumet l'Orient, & prend Jeruſalem.

Ariſtobule & ſon fils ſont amenés de Jeruſalem à Rome par Pompée. Antigone regne à Jeruſalem, & eſt chaſſé par Hérode.

Pompée rappellé de l'Eſpagne où il faiſoit la guerre à Sertorius paſſe en Aſie, il eſt crée généraliſſime des troupes de la République, confirmé par le ſuffrage de Ciceron & de Jules-Céſar.

Il chaſſe Mithridate de ſes Etats. Mithridate trahi par ſon fils, ne pouvant s'empoiſonner, ſe tue de ſon épée.

Pharnace ſon fils ſoumet ſa perſonne & ſes Etats aux Romains.

Pompée dépouille Antiochus l'Aſiatique de ſes Etats, & réduit la Syrie
en Province Romaine. 65.

Céſar ſoumet l'Egypte, & la laiſſe à Cléopatre : il bat Scipion & Caton, & revient à Rome.

Année Julienne. 45.

Triumvirat, de Pompée, de César & de Crassus.

Jules-César fait les conquêtes des Gaules, & pénetre jusqu'à la grande Bretagne; enrichi par ses conquêtes, il demande le Consulat & le triomphe, le Sénat lui refuse le Consulat : il s'unit à Crassus & à Pompée. Destruction du *pouvoir Consulaire & Populaire*. César marie sa fille à Pompée.

César continue d'être Gouverneur des Gaules, Pompée l'est de l'Espagne & d'Afrique, & Crassus a le Gouvernement de la Syrie & de l'Egypte, & la conduite de la guerre contre les Parthes. Crassus est défait en Syrie par Surena Général des Parthes: sa tête est présentée à Orod Roi des Parthes, qui y fait verser de l'or fondu.

César se fait élire Dictateur, pille le trésor & chasse Pompée, il va le chercher dans les plaines de Pharsale, la victoire demeure à César, Pompée se retire chez Ptolemée qui le fait tuer : César punit Ptolemée, & fait élever un superbe tombeau à Pompée.

Caton se retire à Utique, où il se tue pour ne point voir César. 43.

César néglige de se lever devant le Sénat qui lui rend les honneurs de la Royauté. 300 Sénateurs, à la tête desquels sont Brutus & Cassius, conjurent sa perte. Il est assassiné dans la place.

Triumvirat d'Octave, Marc-Antoine & Lepide le jeune. 42.

César Octavien & Antoine, après avoir ruiné Lepide, se tournent l'un contre l'autre. Ciceron est sacrifié à Antoine, on lui coupe la tête & les mains, & on les attache à la Tribune.

Antoine se rend maître de l'Arménie.

Bataille de Philippes contre les Conjurés.

Octavien gagne la bataille d'Actium qui le laisse maître de la République.

Antoine se tue. Cléopatre, n'ayant pu triompher d'Octavien, s'enferme dans le tombeau d'Antoine, où elle se fait piquer par un aspic.

Hérode couronné Roi des Juifs à Rome. 33.

La Cappadoce réduite en Province Romaine. 31.

César Octavien prend Alexandrie, l'Egypte devient Province Romaine. 30.

Octavien sous le nom Auguste, &

ſous le titre d'Empereur, demeure maître de tout l'Empire, & ferme le Temple de Janus. 27.

Fondation de Lyon.

Agrippa.	Salluſte.
Mecenas.	Denys d'Halicarnaſſe.
Varon.	Lucrece.
Virgile.	Cornelius Nepos.
Catulle.	Diodore.
Vitruve.	Horace.
Ovide.	Properce.
Tacite.	Phedre.
Tite Live.	Et autres.

I. SIECLE

DEPUIS JESUS-CHRIST.

X. *Epoque.*

NAissance de Jesus-Christ, 1000 ans depuis la dédicace du Temple de Salomon, & 754. depuis la fondation de Rome.

Les Arts fleurissent sous le regne d'Auguste, qui regne seul dans l'Empire Romain.

Conjuration de Cinna. Auguste pardonne, & fait Cinna Consul.

Mort d'Auguste. 14.

Tibere succéde à Auguste, l'Empire est reconnu héréditaire dans la maison de César.

Germanicus neveu de Tibere refuse l'Empire, Tibere par jalousie le fait mourir. 16.

Saint Jean-Baptiste commence avec la soixante-dixiéme semaine de Daniel. Prédication Jesus-Christ. Sa mort & son Ascension. 28.

Caligula neveu de Tibere lui succéde, il fait son cheval Consul, & le fait manger à sa table dans de la vaisselle d'or. 37.

Il se fait adorer, & fait mettre sa statue dans le Temple de Jerusalem. 48.

Claudius I. lui succéde, il est déshonoré par Meſſaline, il la demande après l'avoir fait mourir. 48.

Courage d'Arria femme de Petus : ſon mari n'ayant pas le courage de ſe donner la mort, Arria ſe plonge le poignard dans le ſein, & le lui préſente.

L'Empereur Claudius eſt empoiſonné par Agrippine ſa femme. 54.

Neron lui ſuccéde, & ſe fait aimer les cinq premiéres années de ſon regne.

Corbulon bat les Parthes & les Arméniens.

Neron fait la guerre aux Juifs, & perſécute les Chrétiens. 66.

Conjuration de Piſon, Seneque ſe fait mourir.

Neron tue ſa mere, ſa femme, ſon frere Britannicus, & ſe fait mourir ayant appris que le Senat l'avoit condamné. 68.

Galba, Othon, Vitellius regnent peu de temps.

Veſpaſien. 69.

Jeruſalem priſe & brûlée. 70.

Tite fils de Veſpaſien, ſurnommé les Délices du peuple, lui ſuccéde. Il diſoit avoir perdu les jours qui n'étoient pas marqués de quelques bienfaits. 79.

Irruption du Veſuve, ruine d'Herculanum.

Domitien ſuccéde à Tite, il eſt le

dernier des douze Césars. 93.

Saint Jean sorti de l'huile bouillante est relegué à Patmos, où il écrit l'Apocalypse & son Evangile.

Persécution de l'Eglise.

Domitien est tué, Nerva lui succéde, il choisit Trajan pour son successeur, il donne un Roi aux Parthes. 96.

Il disoit qu'il vouloit que les citoyens le trouvassent tel qu'il eût voulu trouver l'Empereur s'il eût été citoyen.

Hérode dernier Roi des Juifs fait mourir S. Jacques.

Chaire de S. Pierre à Antioche, 37. à Rome. 43.

S. Etienne lapidé. 33.

S. Paul converti.

Concile de Jerusalem. 50.

Mort de S. Pierre & de S. Paul, à Rome. 67.

Papes.

S. Lin.

S. Clement.

S. Clet. 95.

Auteurs.

Joseph.	Strabon.
Suétone.	Tacite.
Perse.	Juvenal.
Petrone.	Lucain.
Martial.	Quintilien.
Quint-Curse.	Pline, &c.

II.

II. SIECLE.

DEPUIS JESUS-CHRIST.

ADrien ſuccéde à l'Empereur Trajan, il fait fleurir les arts, rebâtit Jeruſalem, & lui donne le nom d'Ælia; il y fonde un temple à Jupiter, & défend aux Juifs d'y reſter. 117.

Il ſe livre à toutes ſortes de débauches, & fait un Dieu de ſon infâme Antinoüs.

Il adopte Antonin le Pieux, & celui-ci Marc-Aurele le Sage ou le Philoſophe, qui vérifia cette parole de Platon que les peuples ſont heureux quand les Princes ſont Philoſophes.

Galien ſon médecin. 138.

Lucius Verus ſuccéde à l'Empire, & à celui-ci le cruel Empereur Commode ſon fils. 180.

Pertinax lui ſuccéde. 193.

L'Empire eſt mis à l'encan par l'armée : le Juriſconſulte Didius-Julianus oſe ſe propoſer, & eſt mis à mort. 193.

Severe Africain ſuccede à l'Empire, ſe diſtingue par ſes victoires. 194.

Ligue des Francs. 200.

L'établiſſement de ces Francs dans

les Gaules depuis qu'elles avoient été conquises par les Romains, qui s'étoient rendus maîtres de la Provence & du Dauphiné, 124. avant Jesus-Christ, & du Languedoc six ans après. Dans ces temps ces peuples se nommoient Aquitains, Celtes & Belges.

Hérésie des Gnostiques, des Montanistes & Marcionistes.

Papes.	*Hommes illustres.*
Evariste.	Philostrate.
Alexandre I.	S. Polycarpe.
Sixte. I.	S. Justin.
Telesphore.	S. Ignace.
Hygin.	Ste Felicité.
Pie I.	S. Irenée, &c.
Anicet.	
Soter.	
Eleuthere.	
Victor I.	

III. SIECLE

DEPUIS JESUS-CHRIST.

CAracalla fils aîné de Severe, succéde à l'Empire : il tue son frere dans le sein de sa mere. 208.

Alagabale ou Héliogabale, son fils, remporte une victoire sur Macrin, & succéde à l'Empire qu'il déshonore par ses débauches. 218.

Alexandre Severe défait Artaxerxès qui venoit de rétablir l'Empire des Perses ; il honore Jesus-Christ dont il a l'image. 222.

Le tyran Maximin, qui avoit tué Alexandre Severe, se rend maître de l'Empire, quoique de race Gotique ; il avoit 8 pieds de haut, & une force surprenante. 235.

Le Sénat lui oppose quatre Empereurs, desquels sont les Gordiens : ils périssent dans l'espace de deux ans.

Maximin est si détesté que l'on offre à sa mort des Hecatombes.

Philippe, Arabe, tue le jeune Gordien, & fait une paix honteuse avec Sapor Roi de Perse ; Dece le tue & lui succede. 245.

Il renouvelle la persécution des Chrétiens.

Gallus & Volusien vivent peu de tems, ainsi qu'Emilien. 251.

L'Empire est donné à Valérien. 252.

L'Orient est envahi par les Scythes & par les Perses, Valerien est vaincu par Sapor, qui le fait prisonnier, le fait mener en triomphe chargé de chaînes, & le fait servir de marche-pied pour monter à cheval.

Galien son fils succede à l'Empire, & acheve de tout perdre par sa mollesse. 261.

L'Empire est partagé à trente tyrans, Odenat Roi de Palmyre est le plus célébre, sa femme Zénobie marche avec lui à la tête des armées qu'elle commande après la mort d'Odenat, & joint la chasteté à la beauté. 264.

Claude II. & Aurelien Empereurs après Galien rétablissent l'Empire. Aurelien défait Zénobie. 268.

A Aurelien succéde Tacite. 275.

Probus après lui est forcé de recevoir l'Empire : il est l'un des meilleurs Princes qu'eut eu l'Empire. 266.

Il repousse les Germains & les Francs.

La France, l'Espagne & la Hongrie lui sont redevables de leurs vignes qu'il fit planter.

Carus lui succéde, & à celui-ci Numerien qui est tué par son beau-pere Aper. 282.

Dioclétien venge sa mort, & il nomme Maximien Empereur avec lui; il s'établit à Nicodémie, & a la guerre avec Narses Roi de Perse. 284.

Révolte des Provinces de l'Empire, il abdique avec Maximien.

Son Ere. 284.

Concile de Carthage 256.

Concile d'Antioche contre Paul de Samosate Evêque d'Antioche, qui refuse de reconnoître la divinité de Jesus-Christ. 275.

Papes.	*Hommes illustres.*
Zéphirin.	Origène.
Calixte I.	Clement d'Aléxandrie.
Urbain I.	Gregoire Thaumaturge.
Pontien.	Irénée.
Anteros.	Lactance.
Fabien.	Porphyre.
Corneille.	Martin.
Luce I.	Sainte Agnès.
Etienne I.	Sainte Luce.
Sixte II.	Sainte Agathe.
Denys.	Sainte Cécile.
Felix I.	S. Laurent.
Entychien.	S. Sebastien.
Caïus	S. Vincent.
	S. Maurice, &c.
	S. Paul.
	S. Antoine hermite.

IV. SIECLE

DEPUIS JESUS-CHRIST.

GAlerius, gendre de Dioclétien, le force de quitter l'Empire; il intimide Maximien qui suit son exemple. L'Empire vient à Constantius Chlorus & à Galérius, de Cesars qu'ils étoient. Deux nouveaux Cesars sont créés Sévere & Maximin. 304.

Maxence fils de Maximien, & gendre de Galérius, se fait Empereur à Rome malgré son beau-pere. 306.

Sévere envoyé par Galérius contre Maxence, l'attaque dans Rome; Maxence rappelle son pere Maximien; à son nom les soldats de Sévere le quittent. Maximien fait tuer Sévere: il donne à Constantin sa fille Fauste. Galérius, après la mort de Sévere, pour se donner de l'appui, nomme Licinius Empereur. Maximien refuse de se soumettre à Licinius, il se rend indépendant dans l'Orient. Maximien croit avoir tué Constantin en tuant l'Eunuque, il se donne la mort à lui-même. 307.

Maxence, ſous prétexte de venger ſon pere, ſe déclare contre Conſtantin. 312.

Galerius révoque les Edits de perſécution contre les Chrétiens, ne pouvant eſpérer de les vaincre; il meurt. Maximien continue la perſécution, Conſtantin le Grand vient à l'Empire, il embraſſe le Chriſtianiſme. Paix de l'Egliſe.

XI. Epoque.

Maxime eſt vaincu par Licinius d'accord avec Conſtantin. Mort de Maximien. 313.

Licinius ſe brouille avec Conſtantin, & renouvelle la perſécution. Licinius eſt battu & perd la vie. 315.

Concile de Nicée contre Arius qui nioit la divinité de Jeſus-Chriſt, l'on y reconnoît la conſubſtantialité. 324.

Fauſte femme de Conſtantin trouble ſa famille. 326.

Criſpe fils de Conſtantin d'une autre femme que Fauſte, eſt accuſé par celle-ci de l'avoir voulu corrompre. Il eſt livré à la mort. Fauſte convaincue d'impoſture eſt ſuffoquée. La vraie Croix trouvée par Helene mere de Conſtantin, les ſaints lieux recouvrés.

Conſtantin rebâtit Byſance qu'il nomme Conſtantinople, il y établit le ſiége de l'Empire. 330.

Mort de Conſtantin : l'Empire partagé à ſes trois, fils Conſtantin, Conſtance & Conſtant. 337.

Conſtantin périt dans la guerre qu'il a avec Conſtant pour les limites de leur Empire. 350.

Conſtant ſoûtient la foi de Nicée que Conſtance combattoit.

S. Athanaſe chaſſé du ſiége d'Aléxandrie, & rétabli.

Conſtant tué par le tyran Magnence : il eſt vaincu par Conſtance, & ſe tue. 351.

Conſtance aſſuré par Valens, Evêque Arien, que l'armée du tyran Magnence eſt en fuite, ſe livre aux Ariens. Trouble dans l'Egliſe. 353.

Concile de Rimini, il fléchit par violence & par ſurpriſe. 359.

Les Perſes remportent de grands avantages, pendant que l'Empereur Conſtance eſt occupé des affaires de l'Arianiſme.

Mort de Conſtance : regne de Julien, ſon apoſtaſie, il repouſſe les Francs. 361.

Perſécutions.

Sa mort en Perſe, Jovien lui ſuccéde, après lui Valentinien : il fait la guerre en grand Capitaine, il s'aſſocie

son frere Valens : Valentinien prend l'Occident, & Valens l'Orient ; Jovien protége la foi en Occident, son frere
la persécute. 363.

Irruption des Gots.

Mort de Valentinien, Gratien son fils voit sans envie l'élévation de Valentinien II. son jeune frere, qui est Empereur à neuf ans : sa mere Justine protectrice des Ariens gouverne pendant son bas âge. 375.

Gratien s'associe à l'Empire le grand
Théodose, qui bat les Gots. 379.

Gratien est immolé au tyran Maxime, le jeune Valentinien est contraint de prendre la fuite avec sa mere : le tyran Maxime se rend maître à Rome, où il rétablit le sacrifice des faux Dieux.

Le tyran Maxime est défait, & tué par Théodose le Grand, aidé des Francs. Il rend l'Empire d'Occident à Valentinien, qui le perd par sa trop grande confiance dans Arbogaste : Eugene élevé par ce dernier, tue Valentinien près de Vienne dans les
Gaules. 388.

Théodose a la victoire sur Eugene, qui est sacrifié à la vengeance publique. Arbogaste se tue lui-même.

Théodose seul Empereur protége la Religion, il subit la pénitence publique qui lui est imposée par saint

Ambroise, pour avoir brûlé ses ennemis dans une Eglise où ils s'étoient réfugiés.

Saint Jerôme compose la version de la Bible sur l'original Hebreu, que l'Eglise reçoit sous le nom de Vulgate. 397.

Arcade & Honorius succédent à Théodose leur pere, l'un en Orient, & l'autre en Occident.

Alaric Roi des Visigots, contraint Honorius à lui abandonner les Provinces qu'occupent les Vandales dans une partie de la Gaule & en Espagne.

Concile de Constantinople contre les Macédoniens qui nioient la divinité du S. Esprit. 381.

Hérésie des Donatistes, des Apollinaristes, des Priscillianistes, &c.

Papes.

Marcellin
Marcel. I.
Eusebe.
Melchiade.
Sylvestre. I.
Marc.
Jules. I.
Tibere.
Damase I.
Sirice.

Hommes illustres.

S. Hilaire.

S. Basile.

S. Gregoire de Nazianze.

S. Epiphane.

S. Martin.

S. Ambroise.

S. Gregoire.

S. Hilarion.

Ammien.

Prudence.

Zozime.

Heliodore, &c.

V. SIECLE

DEPUIS JESUS-CHRIST.

EN Orient l'Empereur Arcade.

Il met son fils Théodose II. âgé de huit ans, sous la tutelle d'Isdegerde Roi de Perse. 408.

L'Empire de Théodose se soûtient par la prudence & par la piété de Pulcherie sœur de l'Empereur.

Pulcherie sœur de Théodose éleve à l'Empire Marcian en l'épousant. 451.

L'Empire d'Orient est paisible sous l'Empire de Leon l'ancien. 455.

A celui-ci succéde Leon le jeune, sous lui Constantinople est réduite en cendre. 474.

Zenon l'Isaurique succéde à Leon le jeune, il veut faire mourir sa femme sur des soupçons : il est enterré étant en épilepsie, mange son bras. 491.

Anastase premier lui succéde, il est écrasé de la foudre. Il craignoit au point de se cacher dans ses caves.

En

En Occident, sous l'Empire d'Honorius, Alaric Roi des Gots prend & sacage Rome. 408.

Atolphe beau-pere d'Alaric est élu Roi des Gots, il marche contre Rome, & enleve ce qui étoit échappé au soldat dans le premier pillage, il veut abolir le nom Romain ; mais Placide sœur de l'Empereur Honorius, qu'il prend captive, l'adoucit : il l'épouse. 411.

Gots conduits par Atolphe à Toulouse vers l'an 420. D'autres s'établissent en Espagne vers 415, d'autres en Afrique sous Geyseric. 420.

Les Francs résolus d'entrer dans les Gaules, éleverent à la royauté Pharamond fils de Marcomir ; la Monarchie de France commence sous lui.

Honorius meurt sans enfans, Valentinien III. lui succéde. 423.

Les Généraux de Valentinien sont battus en Afrique, les Gots renouvellent la guerre du côté de l'Espagne, & les Francs sous la conduite de Clodion rentrent dans les Gaules dont ils avoient été chassés. 438.

Les Gaules commencent à reconnoître les Francs. Mérovée qui succéde à Clodion le Chevelu, y fait un établissement solide. 451.

Attila Roi des Huns ravage l'Occident.

Aëtius Capitaine de l'Empereur Valentinien défait Attila dans les Gaules devant Orléans; mais il ne le peut empêcher de ravager l'Italie. 452.

République de Venise bâtie, elle n'a des Doges qu'en 697.

Maxime, dont Valentinien III. avoit violé la femme, engage l'Empereur à faire mourir Aëtius, il inspire ensuite la vengeance aux amis d'Aëtius qui tuent l'Empereur. Maxime monte sur le thrône; il épouse Eudoxe fille de Théodose le jeune. 455.

Rome est en proye aux Barbares, le peuple déchire Maxime.

Majorien lui succéde, ensuite Severe, Anthemius, Olybrius, Glycerius, Nepos & Augustule fils d'Oreste, qui est le dernier Empereur d'Occident reconnu à Rome; il est dépouillé par Odoacre. 476.

Theodoric Roi des Gots chasse Odoacre, & fonde le Royaume des Gots en Italie. 493.

Les peuples qui habitoient la grande Bretagne, forcés par les Anglo-Saxons d'abandonner leur pays, se réfugient dans la partie de la Gaule qui s'avance dans l'Océan en forme de presqu'isle, & lui donnent le nom de Bretagne. La partie de l'Isle dont les Anglo-Saxons s'étoient rendus maître, reçoit le nom d'Angleterre; & le surplus reste aux Ecossois. 438.

Childeric I. fils de Merovée, lui succéde, il meurt en 481. 458.

Clovis lui succéde, que l'on regarde comme le véritable Fondateur de la Monarchie Françoise. Ils avoient eu dès l'an 287. un établissement qui fut confirmé en 348. par l'Empereur Julien, qui devint stable en 438. sous Clodion. 481.

Bataille de *Soissons* gagnée par Clovis contre les Romains. Siége de la Monarchie à *Soissons* 486.

Conquête des Provinces situées entre la Somme, la Seine & l'Aisne. Reims se donne à Clovis. 493.

Bataille de Tolbiac près Cologne, gagnée sur les Allemans. Clovis se fait Chrétien, poussé par Clotilde sa femme. 496.

Le Royaume de Suede érigé en Royaume. Leur premiére origine vient des Normans & Germains septentrionaux. 500.

Pelage nie le peché originel & la grace qui nous fait Chrétiens: les Conciles d'Afrique le condamnent. 523.

Les Semi-Pélagiens attribuent le commencement de la justification & de la foi aux seules forces du libre arbitre.

Nestorius Patriarche de Constantinople divise la Personne de Jesus-Christ. 429.

Quelques années après, Eutyches en confond les deux natures.

Concile d'Ephèse où Nestorius est condamné, & la sainte Vierge reconnue Mere de Dieu. 431.

Concile de Calcedoine contre Eutyches. 451.

Papes.	*Hommes illustres.*
Anastase I.	S. Benoît.
Innocent I.	S. Siméon Stylite.
Zozime.	S. Remy.
Boniface I.	S. Germain.
Céléstin.	S. Prosper.
Sixte III.	Sainte Geneviéve.
Leon I. ou le Grand.	S. Jerôme.
Hilaire.	S. Cyrille.
Simplicius.	S. Augustin.
Felix II.	S. Fulgence.
Gelase I.	
Anastase II.	

VI. SIECLE

DEPUIS JESUS-CHRIST.

L'Empereur Juſtin I. meurt, Juſticien lui ſuccéde. Beliſaire & Narſes ſes généraux défont les Gots. 527.

Les Vandales ſoumettent les Gaules, l'Afrique, l'Aſie & l'Italie.

Rome priſe & repriſe trois fois ſous le regne de Juſtinien. Giliner Roi des Gots & des Vandales eſt fait priſonnier. L'Empereur le traîne attaché à ſon char dans Conſtantinople : il fait rédiger les Loix Romaines & le Digeſte.

Coſroës Roi de Perſe prend & brûle Antioche.

L'Italie paſſe à Alboin, qui y fonde le Royaume des Lombards. 568.

Juſtin II. Empereur eſt toujours battu par les Perſes : il tombe en phréneſie, l'Empire eſt ſoûtenu par ſa femme Sophie.

Tibere qu'il avoit nommé Empereur, lui ſuccéde : il repouſſe les ennemis. 778.

Bataille de Vouillé près Potiers gagnée par Clovis contre Alaric Roi des Gots : il soumet le pays depuis la Loire jusqu'aux Pirenées 507.

Il prend Angoulême, & tue Alaric. 508.

Mort de Clovis : il laisse quatre enfans, Thierri, Clodomir, Childebert & Clotaire. 511.

Thierri régne à Metz, Clodomir à Orléans, Childebert I. à Paris, & Clotaire I. à Soissons.

Clodomir est tué, ses enfans sont massacrés. 524.

Theodebert succéde à Thierri, & régne à Metz. 534.

Childebert est enterré à saint Germain des Prés qu'il avoit fait bâtir, il ne laissé que des filles : premier exemple de la Loi Salique qui n'admet que les mâles à la Couronne. 558.

-- Par sa mort Clotaire réunit l'Empire des François, il regne seul, il donne bataille à son fils, le défait & le brûle avec sa famille dans une cabane où il s'étoit sauvé : il meurt & laisse quatre enfans qui lui succédent. Caribert Roi de Paris, Gontran Roi d'Orléans & de Bourgogne, Sigebert I. Roi d'Austrasie, Chilperic Roi de Soissons. 560.

Sigebert est assassiné, il laisse un fils nommé Childebert II. 575.

Chilperic est aussi assassiné à Chelles, Clotaire son fils lui succéde. 584.

Gontrand meurt sans enfans, il déclare Childebert son neveu héritier de ses Royaumes d'Orléans & de Bourgogne. 593.

Childebert meurt, & laisse deux enfans qui lui succédent, Thierri & Theodebert II. 596.

Exarchat de Ravennes.

La foi introduite dans l'Eptarchie d'Angleterre. 597.

Le Dannemarc érigé en Royaume : leur premiére origine vient des Germains septentrionaux. 600.

Les Vers à soie apportés des Indes vers l'an 510.

La foi prêchée en Espagne sous Recared.

Concile d'Orléans sur le droit de Regale. 511.

Concile de Constantinople, erreur d'Origène condamnée. 553.

Papes.	*Hommes illustres.*
Symmaque.	Cassiodore.
Hormisdas.	Procope.
Jean I.	Denys le petit.
Felix III.	Boëce, &c.

Boniface II.

Jean II.

Agapit I.

Sylvere.

Vigile.

Pelage I.

Jean III.

Benoît I.

Pelage II.

Gregoire I. ou le Grand.

S. Medard.

S. Colomban, &c.

VII. SIECLE DEPUIS JESUS-CHRIST.

EN Orient Maurice Empereur pieux succéde à Tibere ; par sa faute un grand nombre de Romains périssent entre les mains des Barbares, il refuse de les racheter à raison d'un écu par tête.

Phocas égorge aux yeux de l'Empereur ses parens, & tue l'Empereur le dernier : Phocas est élevé à l'Empire. 601.

Chosroès II. Roi de Perse bat Phocas sous prétexte de venger Maurice. 614.

Il pousse ses conquêtes sous Héraclius successeur de Phocas, il bat cet Empereur, se rend maître de Jerusalem, de la Syrie, de la Palestine, de Chypre, & de l'Afrique.

Héraclius est vainqueur : Chosroès est tué par son fils, la vraie Croix est reprise. 626.

Héraclius II. ou le jeune, ne jouit de l'Empire que quelques jours, ainsi que Heracleonas : Héraclius Constant leur succéde ; à celui-ci, Constantin III. ou Pogonat : l'Empire est ravagé par les Bulgares. 685.

Mahomet.

Egire, ou fuite de Mahomet.

Ere des Mahometans. 622.

Il ſoumet en neuf ans l'Arabie, & jette les fondemens de l'Empire des Calyphes.

Les Saraſins occupent la Syrie & la Paleſtine, ils s'aſſujettiſſent la Sainte Cité, ils prennent la Perſe, ils joignent leurs conquêtes à celles de Mahomet. 634.

Theodebert II. Roi d'Auſtraſie eſt aſſaſſiné. 612.

Thieri Roi de Bourgogne meurt de diſſenterie. 612.

Clotaire II. Roi de Soiſſons réunit dans ſa perſonne toute la Monarchie Françoiſe. 618.

Le fils du Comte Romulphe dote de tous ſes biens l'Abbaye de Remiremont, Clotaire établit dans les Royaumes de Bourgogne, d'Auſtraſie & de Neuſtrie des Maires du Palais.

Clotaire donne l'Auſtraſie & la Neuſtrie à Dagobert ſon fils, avec le titre de Roi. 622.

Clotaire II. laiſſe deux enfans, Dagobert & Charibert. 628.

Charibert meurt, ſon fils eſt mis à mort par ordre de Dagobert I. qui regne ſeul. 630.

Dagobert aide Sisenand à se faire Roi des Gots en Espagne. 634.

Dagobert est enterré à S. Denys qu'il avoit fondé. Il laisse deux fils, Sigebert II. Roi d'Austrasie, & Clovis II. Roi du reste de la Monarchie. 638.

Pepin Maire du Palais. 644.

L'autorité des Maires du Palais absorbe celle du Roi.

Sigebert laisse un fils nommé Dagobert, il est relégué. Childeric un des fils de Clovis II. succéde au Royaume d'Austrasie. 654.

Mort de Clovis II. Il laisse trois enfans, Clotaire III. succéda au Royaume de son pere, & Childeric avoit succédé à celui d'Austrasie : le troisiéme nommé Thierry n'eut alors aucun partage. 660.

Batilde mere de Clotaire III. gouverne sous son fils avec beaucoup de sagesse : elle se retire à Chelles qu'elle avoit fondé.

A Clotaire III. succéde Thierry son frere, depuis enfermé dans l'Abbaye saint Denys. 668.

Childeric regne seul, il abandonne une partie de l'Austrasie à Dagobert II. fils de Sigebert qui avoit été relégué.

Thierry III. commence à regner: Ebroin qui avoit été Maire du Palais sous Clotaire III. contraint par les armes Thierry à le recevoir pour son Maire du Palais. 673.

Mort de Dagobert II. Thierry III. devoit être seul maître de la Monarchie ; mais l'Austrasie craignant la domination d'Ebroin, ne veut plus reconnoître de Rois : Pepin & Martin s'en font déclarer Ducs ou Gouverneurs. 679.

Ici commence les Rois fainéans.

Thierry III. regne seul.

Pepin s'empare de toute l'autorité sous le nom de Maire, il soumet tous les voisins de la France qui s'étoient révoltés.

Thierry est défait, il meurt. Clovis III. succéde, Pepin continue de regner sous son nom, à celui-ci succéde Childebert III. son frere. 675.

Pepin continue de regner sous son nom.

S. Eloy, vers l'an 628. fit un Siége d'or pour Dagobert, il bâtit l'Eglise de S. Paul à Paris.

Hérésie des Monothelites vers 622. qui soûtenoient qu'il n'y avoit qu'une volonté en Jesus-Christ & deux natures.

Concile de Latran. 649.

Concile de Constantinople. Les Monothélites qui n'admettoient qu'une volonté en Jesus-Christ, condamnés. 680.

Papes

Papes.	*Hommes illustres.*
Sabinien.	S. Paulin.
Boniface III.	S. Leon.
Boniface IV.	S. Germain d'Aux.
Deusdedit.	S. Gregoire de Tours.
Boniface V.	S. Germain Ev. de P.
Honorius I.	S. Isidore.
Severin.	S. Benoît.
Jean IV.	S. Ouen.
Theodore.	Ste Batilde. &c.
Martin I.	
Eugene I.	
Vitalien.	
Adeodat, ou Dieu-donné.	
Donus.	
Agathon.	
Leon II.	
Benoît II.	
Jean V.	
Conon.	

VIII. SIECLE DEPUIS JESUS-CHRIST.

LEs Maures venus par l'Afrique occupent toute l'Espagne. 713

A Constantin III. succéde Justinien deuxiéme, il bat les Sarasins & Chosroës par Leonce. Ce Général mal récompensé chasse Justinien, qui est décapité 712

Philippe Bardanne lui succéde & est chassé. Anastase deuxiéme abdique forcément.

Ensuite Théodose III. & Léon III. ou l'Isaurien viennent à l'Empire. Ce dernier trouble l'Empire en entreprenant de renverser les images.

Les Sarasins durant l'Empire de Léon sont obligés de lever le siége de Constantinople.

A Léon succéde Constantin IV. ou Copronyme, à celui-ci Léon IV. & Constantin V. qui monte sur le Thrône à l'âge de dix ans, il regne sous la tutelle de l'Impératrice Iréne sa mere; elle est reconnue seule Impératrice. Les Romains méprisent le Gouvernement, & se tournent du côté de Charlemagne. 726

Invasion des Maures en Espagne où ils fondent le Royaume de Cordoue. 713.

Pelage Roi des Gots en Espagne, ce Prince caché en Asturie, conserve le nom de Roi, & perpétue la Royauté parmi les Princes Chrétiens qui rechasserent les Maures long-temps après sous Philippe III. 737.

Alphonse le Chaste, Roi d'Espagne, affranchit cette Monarchie du tribut qu'elle redevoit de cent filles aux Maures, accordé par Mauregat son oncle: Alphonse tue dans une bataille soixante dix-huit mille Maures. 795.

A Childebert Roi de France, succéde son fils Dagobert. 711.

Charles Martel est reconnu Duc d'Austrasie. 715.

Dagobert III. laisse un fils nommé Thiery, à son exclusion Daniel fils de Childeric II. est fait Roi sous le nom de Chilperic II.

Il s'oppose à Charles Martel qui le défait, & se fait reconnoître Maire du Palais. Thiery IV. dit de Chelles succéde à la Couronne.

Charles Martel gagne la bataille de Tours sur les Gots, commandés par Abderame qu'il tue, il soumet tout jusqu'aux Pyrennées, il est maître du Royaume de France, & régne sous plusieurs Rois sans prendre le titre de Roi. 725.

Charles Martel fait la guerre aux peuples voisins de la France, & en convertit plusieurs à la Religion Chrétienne.

Mort de Thiery : interregne. Charles Martel continue de regner sans nommer un nouveau Roi. 736.

Il défait les Sarasins à Lyon, en Provence & dans le Languedoc, où ils avoient des intelligences. 737.

Les Saxons révoltés sont défaits. 739.

Mort de Charles Martel. Carloman & Pepin ses enfans partagent le Gouvernement, & demeurent unis. 741.

L'interregne cesse, Childeric III. fils de Thiery est proclamé Roi. 742.

Pepin & Carloman défont les Bavarois, les Allemans, les Saxons & les Esclavons. 743.

Pepin fils de Charles Martel s'éleve à la Royauté, les François accoûtumés à Martel, en sont dégoûtés de leurs Rois fainéans : le Pape Zacharie les dégage du serment de fidélité. 747.

Childeric III. est déthrôné, rasé & mis dans un Monastere. Fin de la race des Mérovingiens. 750.

Pepin dit le Bref commence la seconde race. 751.

Il reprend l'Exarchat de Ravennes en Italie sur Astolphe Roi des Lombards, en fait don au Pape, & commence à rétablir la puissance temporelle de la Cour de Rome. Il établit un Parlement ambulant composé des principaux Seigneurs de la Cour. 755.

Il fait don à l'Eglise de Compiégne du premier orgue qui paroît en France. 757.

Le Duc d'Aquitaine est défait par Pepin qui réunit ce Duché à la Couronne. 767.

Charlemagne & Carloman fils de Pepin succédent à leur pere. 768.

Carloman meurt, Charlemagne regne seul. 771.

Fin du Royaume des Lombards dans la personne de Didier défait par Charlemagne, il prend le titre de Roi des Lombards. 774.

Décret d'Adrien I. par lequel il reconnoît Charlemagne Roi d'Italie & Patrice de Rome.

Capitulaires de Charlemagne. 779.

Il introduit en France le chant Grégorien. 789.

Lettre de Léon III. à Charlemagne, qui constate que le Pape rendoit hommage de ses possessions au Roi de France. 795.

Charlemagne s'empare du Royaume des Huns [l'Autriche & la Hongrie.]

Il prend les Isles de Majorque & de Minorque. 799.

XII. Epoque ou l'établissement d'un nouvel Empire.

Charlemagne est couronné Empereur d'Occident par Léon III. 800.

Cet Empire qui avoit fini dans Augustule, qui depuis avoit été rempli par les Gots & les Lombards, recommença dans Charlemagne, & dure encore.

Le Roi de Perse fait cession à l'Empereur Charlemagne des Lieux saints.

Royaume de Norvege : sa premiére origine vient des Germains septentrionaux. 800.

Concile commencé à Constantinople, & continué à Nicée contre les Iconoclastes. 787.

Concile de Francfort où l'on condamne la doctrine de Nestorius. 794.

Papes.

Serge I.	Jean VI.
Jean VII.	Sisinnius.
Constantin I.	Gregoire II.
Gregoire III.	Zacharie.
Etienne I.	Etienne II.
Paul I.	Etienne III.
Adrien.	

Hommes illustres.

Roland.	Bede.
Jean de Damas.	S. Boniface, &c.

IX. SIECLE

DEPUIS JESUS-CHRIST.

EN Orient Nicephore ſuccede à l'Empire d'Orient. C'eſt à ce Prince que commence l'Empire des Grecs, appellé le bas Empire. 802.

Il chaſſe Irene.

Il conſent que Charlemagne porte le titre d'Empereur d'Occident. Il eſt tué par les Bulgares. Stauracе lui ſuccéde, & jouit peu de temps de l'Empire; il eſt dépouillé, Michel I. ſuit, il abdique.

Leon V. vient à l'Empire, il eſt tué. Théophile & Michel III. ſuccédent. Ce dernier de bas lieu & ſans lettres eſt proclamé Empereur, ayant encore les fers aux pieds. Sous lui les Saraſins s'emparent de Crete & de Sicile. 81[illegible]

Baſile I. lui ſuccéde: le fameux Patriarche Photius eſt excommunié, il eſt l'auteur du ſchiſme qui diviſe l'Egliſe Grecque de la Latine: le prétexte fut la préſeance du Patriarche de Conſtantinople ſur le ſiége de Rome: il prétendoit que le Saint-Eſprit ne procede pas du Fils. 867.

Basile bat les Bulgares, fait crever les yeux à quinze mille hommes de ces peuples, dont il laisse un borgne par cent. Samuel Prince des Bulgares meurt de douleur, en voyant ses sujets en cet état. Basile meurt subitement. 886.

Ecbert Roi de Wessex remet les Provinces de la Grande-Bretagne sous le titre de Roi d'Angleterre. 827.

Les Normands, les Anglois & les Danois, peuples barbares, font des descentes en France. 807.

Charlemagne perd Pepin, & Charles deux de ses fils.

Il associe Louis son fils à l'Empire. Premiére Loi somptuaire.

Mort de Charlemagne : il aima & protégea les Lettres. 814.

Louis le Debonnaire son fils est Empereur d'Occident & Roi de France, il est dépouillé deux fois par ses enfans.

Grêle prodigieuse suivie d'une peste générale en France & en Allemagne. 825.

Les Navarrois se donnent au Roi Inigo qui commence le Royaume de Navarre & d'Arragon, dont la postérité, après avoir chassé les Maures & les Sarasins, réunit toute l'Espagne dans la personne de Charlequint. 827.

Mort de Louis le Débonnaire: il laisse quatre fils: Charles II. dit le Chauve monte sur le thrône. 840.

Lothaire I. Empereur d'Occident & Roi d'Italie, Pepin Roi d'Aquitaine, & Louis Roi de Baviere.

Noménoé institué Duc des Bretons par Louis le Débonnaire a de grandes avantages contre Charles le Chauve, il prend le titre de Roi. Charles le Chauve ne peut conserver qu'un simple hommage sur cette Province. 848.

Les Normans font d'affreux ravages en France. 853.

Lothaire I. a le Royaume de Lorraine qui prend son nom.

Baudouin est fait Comte de Flandre. 863.

Louis II. Empereur d'Occident meurt sans enfans, Louis le Germanique meurt peu de temps après. Charles le Chauve passe en Italie &

s'y fait couronner Empereur, il cede au Pape la souveraineté de Rome. 876.

Il meurt empoisonné par son Médecin. 877.

Louis II. dit le Bégue, son fils, parvient à la Couronne, & est couronné Empereur en 879. il meurt.

Louis III. & Carloman fils de Louis le Begue lui succédent : ils partagent le Royaume, & vivent unis.

Carloman est couronné Empereur. 880.

Les Normans continuent leurs invasions dans la France.

Louis III. gagne une bataille contre eux, il meurt sans enfans, & laisse son frere Carloman regner seul. 882.

Carloman meurt blessé par un sanglier. 884.

Charles le Gros III. fils de Louis le Begue, monte à l'Empire par la mort de Carloman son frere, & est couronné Roi de France au préjudice de Charles le Simple.

Charles le Gros fait assassiner le Roi des Normans : ces peuples viennent jusqu'à Paris, l'Empereur les appaise par un Traité honteux. 887.

Il meurt sans laisser d'enfans, méprisé de ses peuples, & déposé de la dignité impériale. 888.

Arnoult bâtard de l'Empereur Carloman, lui succéde à l'Empire.

Eudes Comte de Paris, & fils de Robert Lefort, & d'Adélaïde fille de Louis le Débonnaire, est proclamé Roi à Compiégne.

Il bat les Normans. 892.

Mort d'Eudes. 898.

Charles III. dit le Simple, fils de Louis le Begue, monte sur le thrône.

Arnoult meurt : Louis IV. qui lui succéde, est le dernier Empereur d'Occident de la race de Charlemagne. 899.

Quatriéme Concile de Constantinople : Photius usurpateur du siége déposé, Iconoclastes condamnés. 867.

Papes.

Leon III.
Paschal I.
Valentin.
Serge II. il défend vigoureusement la ville de Rome contre les Sarasins, l'augmente & l'embellit.

Etienne IV.
Eugene II.
Gregoire IV.
Leon IV. L'on place ici la fable de la fausse Papesse Jeanne.

Benoît III.
Adrien II.

Nicolas I.
Jean VIII.

Marin I.	Adrien III.
Etienne VI.	Formose Evêque de Porto, il est déterré.
Etienne VI.	

Hommes illustres.

Alcuin.	Abbon.
Luitprand.	Hincmart.
Reginon.	Suidas, &c.

X. SIECLE

DEPUIS JESUS-CHRIST.

LEon VI. ou le Philosophe succede à Basile dans l'Empire d'Orient. 900.

Alexandre, Constantin Porphyrogenete, Romain le jeune, Nicephore, Phocas se succédent : ce dernier prend Antioche & Candie sur les Sarasins. Jean Zemisces vient à l'Empire, il défait les Sarazins, il meurt. 911.

Basile II. lui succéde, il s'empare de la Bulgarie & se fait Moine. 975.

L'Empire d'Allemagne devient électif, Conrad Duc de Franconie est Roi de Germanie.

Henri I. dit l'Oiseleur, lui succéde. 920.

Othon le Grand son fils est couronné Empereur, après avoir vaincu les Hongrois, les Bohémiens & les Esclavons. 962.

Othon II. vient à l'Empire, il

eſt battu par les Saraſins en Italie, Othon III. fait décapiter Creſcentius Conſul de Rome, & rétablit Gregoire V.

La Pologne eſt érigée en Royaume Boleſlas premier Roi : elle tire ſa premiére origine des Gots : elle étoit Duché en 550. elle ceſſe d'être Royaume en 1079. & le redevient en 1295. elle embraſſe le Duché de Lithuanie en 1386. 999.

La Hongrie devient auſſi Royaume vers l'an 1000. en faveur du Prince Etienne fils de Geiſe.

Portugal, Royaume. 1000.

Serge III. & Jean X. déshonorent le ſaint Siége, ce dernier chaſſe les Saraſins de l'Italie en 929. Le ſaint Siége eſt de nouveau déshonoré par Jean II. fils de Serge III. & de Maroſie, il eſt Pape à 20. ans, le petit-fils de Maroſie le fut à 18.

Le Royaume de France troublé par les guerres inteſtines. 901.

Charles le Simple Roi de France fait un Traité à saint Clair, par lequel il donne à Rollon chef des Normans la Neustrie appellée de leur nom Normandie, il donne sa fille Gisele à ce premier Duc de Normandie à la charge de l'hommage à la Couronne & qu'il se feroit Chrétien. 912.

Robert frere de Eudes forme un parti contre Charles le Simple, Charles donne bataille, & le tue. Malgré cette victoire la peur le prend, il se sauve en Allemagne, il meurt chez le Comte de Vermandois, sa femme se sauve en Angleterre & y mene son fils Louis qui fut nommé d'Outre-mer, il est enfermé. 922.

Hugue le Grand régne sans avoir le nom de Roi, Raoul Duc de Bourgogne son beau-frere est élu : il donne plusieurs Domaines ou grands établissemens en fiefs, il bat les Normans.

Raoul meurt sans enfans, Hugue surnommé le grand Duc de France & de Bourgogne fait venir Louis d'Outre-mer, qu'il place sur le thrône. 936.

Guillaume Duc de Normandie fils de Rollon est assassiné, Louis d'Outre-mer s'empare de la Normandie, elle est rendue au jeune Richard fils de Guillaume 942.

Louis d'Outre-mer meurt d'une chute de cheval, & laisse Lothaire qu'il avoit associé à la Couronne & Charles de Lorraine. 954.

Lothaire est Roi par l'appui de Hugue le Grand, la Couronne ne se partage plus entre les freres.

Mort de Hugue le Grand, il laisse Hugue Capet. 956.

Lothaire meurt par le poison, il laisse Louis V. surnommé le Fainéant qui lui succéde, il meurt de la même maniére, il finit la race des Carlovingiens. 986.

Hugue Capet arriére-petit-fils de Robert le Fort commence la troisiéme race de nos Rois. La nation se réunit en sa faveur à l'exclusion de Charles Duc de la basse Lorraine fils de Louis d'Outre-mer & oncle de Louis V. dernier Roi, il supprime les Maires du Palais, il établit les charges de Connétable, il fait une Eglise de son Palais aujourd'hui saint Barthelemi. 987.

Robert fils de Hugue Capet lui succéde. 996.

Robert ne peut faire approuver du Pape son mariage avec Berthe, Gregoire V. l'excommunie faute de se séparer, Robert renvoie Berthe, & épouse Constance fille de Guillaume Comte de Provence. 797.

Chiffre Arabe en France. 991.

Horloges à balanciers.

Usage de bénir les cloches sous le Pape Jean XIII. 968.

Abbaye de Cluni fondé par Guillaume Duc d'Aquitaine. 910.

Papes.

Romain I.
Theodore II.
Jean IX.
Benoît IV.
Léon V.
Christophe.
Serge III.
Anastase III.
Laudon.
Jean X.
Léon VI.
Etienne VII.
Jean XI.
Léon VII.
Etienne VIII.
Martin II.
Agapit II.
Jean XII.
Léon VIII.
Jean XIII.
Benoît VI.
Donus II.
Benoît VII.
Jean XIV.
Jean XV.
Gregoire V.
Silvestre II.

XI. SIECLE

DEPUIS JESUS-CHRIST.

EN Orient à Basile succéde Constantin VII. si prodigue, qu'il donne des charges d'argent aux valets qui lui rendent les moindres services. Romain Argyre lui succéde, il périt par la trahison de sa femme Zoé. Michel IV. ou le Paphlagonien amant de Zoé est tourmenté pendant tout son Regne, & finit ses jours dans un Monastére. Michel V. ou Calaphate succéde. Zoé gouverne cet Empire, elle épouse Constantin VIII. 1025.

Sous son Empire les Turcs abandonnent le parti de Mahomet Sultan de Perse & de Médie, ils se rangent sous les enseignes du Sultan Séduc, & défont les Sarasins dont ils embrassent la secte.

Théodora sœur de Zoé a l'Empire, ensuite Michel VI. Isaac Comnene qui suit, se retire dans un Couvent après une longue maladie. Constantin Ducas lui succéde. 1054.

Eudoxe femme de Constantin Ducas épouse Romain Diogene Prince belliqueux, qui succéde à son premier mari par la trahiſon d'Andronic fils de ſa femme, Andronic eſt vaincu en Aſie par le Sultan des Turcs, qui le fait ſervir de marche-pied pour monter à ſon Thrône. Les ſujets de Diogene lui crévent les yeux, & élévent ſur le Thrône Michel Parapinace fils de Conſtantin Ducas. 1071.

Nicéphore Botaniate aſſiſté des Turcs, s'empare de Conſtantinople & de l'Empire de Grece. Michel eſt forcé de ſe retirer dans un Monaſtére. Conſtantin Ducas II. & Alexis Comnene ſuccédent, ce dernier eſt défait par les Normans. 1081.

En Occident, ſaint Henri ou II. ſuccéde à Othon III. à l'Empire d'Allemagne. A celui-ci ſuccéde Conrad, & Henri III. ſuccéde à ſon pere 1002.
Conrad, il dompte les Bohémiens & les Hongrois, il veut rendre l'Eſpagne dépendante de l'Empire, & faire quitter à Ferdinand Roi d'Eſpagne le nom d'Empereur que ſes ſujets lui avoient donné. 1024.

Henri IV. vient à l'Empire, il eſt cité à Rome pour avoir vendu des Evêchés, il donne le titre de Royaume à la Bohême. Uladiſlas premier Roi.

Henri eſt dépoſé; l'Empire eſt

donné à Rodolphe Duc de Suabe, Henri bat les Troupes de Grégoire VII. & abandonne au pillage les Eglises de saint Pierre & saint Paul. Le successeur de Grégoire note Henri IV. d'infamie, il est battu & réduit à l'extrêmité. 1056.

Les Empereurs commencent à être élus Rois des Romains, avant d'être élus Empereurs.

Fierabras, à la tête des Normans, chasse les Sarasins de Sicile. 1025.

Matilde, Comtesse de Toscane, donne ses Etats au Saint Siége. 1077.

Etat de l'Eglise, les Papes deviennent Seigneurs indépendans. Cet Etat a commencé par les donations de Pepin & de Charlemagne.

Edouard Roi d'Angleterre depuis canonisé, institue Guillaume le Bâtard Duc de Normandie, son héritier, appellé Guillaume le Conquérant, parce qu'il lui fallut conquérir ce Royaume. Guillaume donne en mourant la Normandie à Robert son fils aîné, & l'Angleterre à son second fils. 1066.

Sanche fils de Ferdinand Roi d'Espagne, dépouille ses deux freres Alphonse & Dom Garcie, & réunit en sa personne les Couronnes de Castille, de Léon & de Galice. Sanche est tué, & Alphonse reconnu Roi des trois Royaumes.

République de Gênes. 1099.

Entrevuë de Robert & de l'Empereur Henri II. sur les moyens d'entretenir la paix dans l'Eglise & dans leurs Etats. 1022.

Robert meurt à Melun, il laisse Henri I. & Robert Duc de Bourgogne. Henri I. est couronné Roi de France. 1031.

Constance sa mere veut faire préférer Robert son cadet, elle excite une révolte. Robert, dit le Diable, Duc de Normandie aide Henri à soumettre les rebelles.

Henri cède à Robert son frere, à qui il pardonne sa révolte, le Duché de Bourgogne.

Il cede au Duc de Normandie Gisors, Chaumont, Pontoise, & tout le Vexin. 1033.

Henri protége Guillaume le Bâtard, fils de Robert le Diable dans la possession du Duché de Normandie, il fait gagner la bataille du Val-des-Dunes. 1047.

Sous ce regne commence la Maison de Lorraine d'aujourd'hui, en la personne de Gérard d'Alsace, Duc de la haute Lorraine ou Lorraine Mosellanique.

Commencement de celle de Savoye dans la personne d'Humbert aux blanches mains Comte de Maurienne.

Henri meurt, il laisse Philippe, Robert & Hugue. 1060.

Philippe vient à la Couronne âgé de huit ans. Baudouin Comte de Flandre, beau-pere du feu Roi, est son tuteur.

Pierre Lhermite Gentilhomme d'auprès d'Amiens, prêche la premiére Croisade pour la conquête de la Terre sainte, résolue au Concile de Clermont. Godefroy de Bouillon, Baudouin, Tancrede, &c. à la tête de cette Croisade. 1095.

Robert d'Arbrisselles fondateur de Fontevraux.

Conquête de la sainte Citée. Naissance du Royaume de Jerusalem. Godefroi de Bouillon premier Roi, ses successeurs jouissent de ce Royaume deux cents ans, jusqu'à Gui de Lusignan.

Ordre de Citeaux. 1098.

Ordre de saint Bruno, dit des Chartreux. 1084

Papes.

Jean XVII.
Jean. XVIII.
Serge IV.
Benoît VIII.
Jean XIX.
Benoît IX. Pape à 12. ans.
Gregoire VI.
Clement II.
Damase II.
Leon IX.
Victor II.
Etienne IX.
Benoît X.
Nicolas II.
Alexandre II.
Gregoire VII.
Victor III.
Urbain II.

Hommes illustres.

S. Antoine.
S. Bruno.
Robert d'Arbrisselles.
Aretin
Fulbert.
Ademar.
Aimoin.
Beranger.
Marianus.
Gui d'Arezzo inventeur des notes.

XII. SIECLE

DEPUIS JESUS-CHRIST.

EN Orient Alexis Comnene I. ſuccéde à Conſtantin Ducas II. Il déshonore ſon régne par ſa lâcheté & ſa perfidie, & meurt ſi haï de ſes ſujets, qu'on lui rend à peine les derniers devoirs. 1118.

Jean Comnene ſon fils vient à l'Empire, il remporte pluſieurs victoires ſur les Turcs & autres peuples; il meurt d'une fleche empoiſonnée qui tombe de ſon carquois à la chaſſe du ſanglier. 1143.

Manuel Comnene Prince libéral lui ſuccéde, il fait périr une nombreuſe armée de l'Empereur Conrad qui étoit allée à la conquête de la Terre ſainte, en mêlant de la chaux dans la farine qu'il fait diſtribuer aux Troupes.

Alexis Comnene II. ſuccéde, il régne trois ans. Andronic Comnene eſt rappellé d'exil. Auſſi-tôt qu'il eſt ſur le thrône, il fait mourir Alexis Comnene ſon prédéceſſeur. 1180.

Maſſacre à Conſtantinople de ceux

de

de la communion latine, par ceux de la communion grecque.

Jean Lange Comnene profite d'une émeute populaire, se saisit d'Andronic, lui fait arracher la barbe & les cheveux, un œil & couper une main, il l'expose à la fureur du peuple qui le pend la tête en bas & le perce de coups d'épée. 1185.

Isaac Lange Comnene est chassé. Alexis Lange Comnene lui succéde. 1195.

Henri V. succéde à Henri IV. à l'Empire d'Allemagne, il se saisit du Pape Paschal, crée un autre Pape, il se réconcilie, & renonce aux investitures. 1106.

Lothaire lui succéde, ensuite Conrad III. il se croise pour la Terre sainte avec deux cents mille hommes, sans succès. 1125.

Frédéric I. ou Barberousse vient à l'Empire, il fait raser Milan, s'empare du Vatican, passe en Italie, où les Allemands sont taillés en piéces; la flotte de Frédéric est battue par les Vénitiens. En mémoire de cette victoire, le Doge épouse tous les ans la mer. 1152.

La Germanie prend le nom d'Allemagne.

Frédéric paſſe en Syrie, défait les Grecs, bat les Turcs en trois batailles dans l'Aſie mineure, & eſt noyé au paſſage du Cydnus. 1190.

Henri VI. dit le Sévere lui ſuccéde. Il avoit épouſé l'héritiére de Guillaume Roi de Sicile, il paſſe en Italie, punit Tancrede bâtard de Guillaume qui s'étoit emparé de la Sicile, il eſt empoiſonné. 1197.

Les factions des Guelfes & des Gibelins partagent l'Italie, les premiers attachés aux Papes, les ſeconds aux Empereurs. 1140.

Schiſme de l'Antipape Anaclet, Innocent II. demeure ſur le Siége. 1130.

Conſtitution d'Innocent II. qui ôte au peuple Romain le droit d'élection des Papes, & le donne au Clergé de Rome. 1139.

Les Décretales ou recueil des Canons par Gratien. 1151.

Le Pape Alexandre III. eſt obligé de ſe ſauver en France, il y eſt reçu par les Rois de France & d'Angleterre Louis VII. & Henri II. qui lui font les plus grands honneurs. 1162.

Fin du ſecond ſchiſme de l'Antipape Victor, Alexandre III. donne 1177.
le droit d'élection des Papes aux ſeuls Cardinaux. 1177.

Premier Concile de Latran pour le recouvrement de la Terre sainte. 1122.

Second Concile de Latran, on confirme la doctrine de l'Eglise sur la sainte Trinité. 1139

Concile de Sens, doctrine d'Abelard condamnée. 1142.

Troisiéme Concile de Latran contre les Vaudois, les Albigeois nioient la Résurrection, croyoient la transmigration. 1179.

Arnaud de Bresse prêche contre le temporel des Papes, & est supplicié.

Alphonse I. Roi de Portugal prend le blason de Portugal, de cinq étendards des Rois Maures vaincus.

Invasion du Miramolin d'Afrique.

Royaume des deux Siciles ou de Naples fondé par Roger. 1150.

Ordre de Calatrava en Espagne & de saint Jacques. 1158.

A Philippe I. Roi de France succede Louis VI. dit le Gros. 1108.

Guerre entre la France & l'Angleterre, dont le Roi est Duc de Normandie. 1113.

Louis le Gros est le premier de nos Rois qui prenne l'Oriflame à saint Denys, il fonde l'Abbaye de saint Victor.

Ordre des Templiers. 1119.

Ordre de ſaint de Jeruſalem. 1120.

Le Roi commence à reprendre l'autorité dont les Vaſſaux de la Couronne s'étoient emparés. Louis le Gros en mourant recommande à ſon fils de regarder l'autorité Royale comme une charge publique dont il faut rendre un compte exact. 1137.

Louis VII. dit le Jeune lui ſuccéde.

Innocent II. met le Royaume en interdit. 1142.

Louis le Jeune brûle Vitri.

Le Roi pour réparer cette action part pour la ſeconde croiſade, l'Abbé Suger Régent pendant ſon abſence. 1147.

Il eſt obligé de lever le ſiége de Damas. 1148.

Au retour de la croiſade il répudie Eléonore qui ſe remarie à Henri II. Roi d'Angleterre, & lui porte en dot la Guyenne.

A Louis VII. ſuccéde Philippe II. dit Auguſte ſon fils, âgé de 15. ans. 1180.

Les Juifs ſont chaſſés.

L'Egliſe de Reims ſacre nos Rois.

L'Egliſe de Notre-Dame de Paris eſt achevée. 1182.

Saladin Roi de Syrie & d'Egypte reprend Jeruſalem ſur les Chrétiens dont Guy de Lusignan étoit Roi. Bataille de Tiberiade, dixme Saladine accordée sur le Clergé. 1188.

Troisiéme croisade, prise d'Acre par les Croisés, la division se met dans leur armée : Monferat, l'un des Chefs, est assassiné. 1190.

Ordre de Fontevraud. 1100.

Prémontrés. 1129.

Blanc-manteaux. 1136.

Papes.

Gelase II.
Paschal II.
Calixte II.
Honorius II.
Innocent II.
Céleftin II.
Lucius II.
Eugene III.
Anastase IV.
Adrien IV.
Alexandre III.
Lucius III.
Urbain III.
Gregoire VIII.
Clement III.
Céleftin III.

Hommes illustres.

S. Bernard.
Ive de Chartre.
Pierre le vénérable.
Pierre le mangeur.
Pierre Lombard.
Guillaume de Tyr.
Thomas Becquet ou saint Thomas de Cantorbery.

XIII. SIECLE

DEPUIS JESUS-CHRIST.

EN Orient Théodore Lascaris succéde à Alexis Lange Comnene à l'Empire d'Orient. [Quatriéme Croisade.] Baudouin Comte de Flandre, l'un des Chefs de la Croisade, est élu Empereur par les Latins après la prise Constantinople, il perd la bataille d'Andrinople contre le Roi des Bulgares qui le fait prisonnier. Henri frere de Baudouin est élu Empereur. 1205.

Pierre de Courtenay fils de Pierre de France, petit-fils de Louis le Gros succéde à Henri, mort sans enfans. Ce Prince invité à un repas par Theodore Comnene Roi d'Epire, est fait prisonnier avec sa suite, on ne sçait ce qu'il devint. Robert de Courtenai lui succéda à l'Empire. 1216.

Alexis Comnene refugié vers la Colchide y fonde l'Empire de Trebisonde. 1222.

Jean Vatace gouverne l'Empire Grec après lui, Theodore Lascaris auquel succédent Theodore Vatace

Lascaris & Jean Vatace Lascaris qui est dépouillé. 1259.

Michel Paleologue défendu par la mere d'Alexis Comnene fait crever les yeux à Jean Vatace, il est déclaré Empereur & gouverne l'Empire Grec transporté à Nicée en Bytinie, il reprend sur les François Constantinople où ils avoient établi l'Empire des Latins, il met fin à cet Empire qui n'a duré que 58. ans. 1261.

Il renonce à son schisme. 1274.

Les Tartares s'emparent de la Perse, & en chassent les Turcs. 1250.

Les Turcs font des conquêtes en Orient, il les divise en sept Principautés ; la Province de Bytinie échoit à Othoman, qui se rend maître de toutes les autres, & donne son nom à cet Empire. 1300.

A Henri VI. dit le Sévere, succéde à l'Empire d'Allemagne Philippe, & à celui-ci Othon IV. 1208.

Innocent III. l'excommunie.

Il sollicite les Electeurs de restituer l'Empire à Frédéric, ce qui s'exécuta à Aix-la-Chapelle. 1212.

Othon se ligue avec Ferrand Comte de Flandre, & Jean Roi d'Angleterre contre la France; il est battu & le Comte de Flandre fait prisonnier.

Frédéric II. lui succéde: il est dégradé de l'Empire au Concile de Lyon par Innocent IV. il est ensuite empoisonné par Mainfroid. 1250.

Conrad lui succéde, & est aussi empoisonné. 1254.

Conradin son fils réclame son héritage en Italie, il est défait par Charles d'Anjou, frere de saint Louis; il est décapité à Naples. 1269.

Rodolphe Comte d'Hapsbourg est élu Empereur, il est le Chef de la Maison d'Autriche. 1273.

Il gagne une bataille contre Othocarre Roi de Bohême.

Après la mort de Rodolphe, les Electeurs élisent Adolphe Comte de Nassau, sa mauvaise conduite le fait déposer. 4198.

Vêpres Siciliennes. Massacre que Pierre d'Arragon fait le jour de Pâques de tous les François sujets du Roi de Naples qui sont en Sicile, de laquelle il s'empare. 1282

Le Pape Martin IV. déclare le Roi d'Arragon déchu de ses Etats en punition du massacre des Vêpres Siciliennes, & en investit Charles de Valois. 1285

Concile de Latran IV. L'on y reçoit la transsubstantiation. 1215

Concile de Lyon. Frédéric II. dégradé de l'Empire. 1245

Second Concile de Lyon contre les erreurs des Grecs qui se réunissent à l'Eglise. 1274

Les Maures en Espagne sont taillés en piéce aux Naves de Tolose par Alphonse IX. Roi de Castille, Pierre Roi d'Arragon & Sanche Roi de Navarre, ce dernier s'y distingue ; il force les chaînes de la barricade du camp des Maures, d'où il forme ses armes : il perit à cette action deux cent mille Maures. 1211

Sous Ferdinand III. Roi d'Espagne, les Royaumes de Murcie, Valence, Grenade & Cordoue sont ôtés aux Maures.

Alphonse l'Astronome. 1240

Jacques Roi d'Arragon chasse les Sarasins de Majorque & Minorque. 1230

La Couronne de Navarre passe de la maison de Bigore dans celle de Champagne. 1254.

Philippe Roi de France s'empare de la Normandie sur Richard Roi d'Angleterre, ajourné pour le meurtre d'Artus son neveu, il s'empare aussi de la Touraine & du Maine, qu'il réunit à la Couronne. 1203.

Philippe-Auguste gagne la bataille de Bouvines, & bat avec cinquante mille hommes l'armée de l'Empereur Othon, du Roi d'Angleterre & ses Confédérés de cent cinquante mille. Mathieu II. Baron de Montmorenci a beaucoup de part à cette victoire; il est Connetable quelques années après. 1214.

Croisade particulière contre les Albigeois. 1217.

Raimond Comte de Toulouse battu de verges, il est dépouillé de ses Etats part Montfort, & rentre dans ses Etats après la mort de Montfort tué au siége de Toulouse.

Louis fils aîné de Philippe, défait le Roi d'Angleterre dans le Poitou.

Henri Clement en qualité de Maréchal de France, commande l'armée. C'est la premiére fois qu'un Maréchal commande en chef.

Louis fils de Philippe est couronné Roi d'Angleterre à Londres, & en est chassé. 1221.

Mort de Philippe. 1223.

Louis VIII. dit Cœur de Lyon lui succéde, il épouse Blanche de Castille, il prend sur les Anglois les Provinces en deça de la Garonne, le Limosin, le Périgord, l'Aunis & la Rochelle.

Il affranchit les Serfs de France. 1225.

Sa mort. 1226.

Louis IX. ou saint Louis son fils lui succéde âgé de douze ans, la Reine Blanche est sa tutrice & Régente du Royaume.

Edit penal contre les Hérétiques, la minorité de saint Louis est troublée. 1235.

Le vieux de la Montagne envoie de ses gens pour assassiner le Roi: touché de ses vertus, il l'en fait avertir lui-même.

Le Roi retire des Vénitiens la couronne d'épines.

Bataille de Taillebourg contre Henri III. Roi d'Angleterre. 1242.

Le Roi fait vœu d'aller à la Terre sainte.

Cinquiéme Croisade, saint Louis

part pour la Terre sainte, la Reine Blanche gouverne. 1248.

Prise de Damiette en Egypte par S. Louis, il est fait prisonnier. 1249.

Défense des duels. 1260.

Sixiéme & derniére Croisade, S. Louis fait Mathieu Abbé de saint Denys & Simon de Clermont de Nesle Régens du Royaume. 1269.

Saint Louis meurt de la peste à Tunis, il est canonisé en 1297. 1270.

Les Chrétiens perdent Acre & ce qu'ils avoient en Orient. Philippe le Hardi, son fils lui succéde, il épouse Elisabeth d'Arragon.

Le Languedoc réuni à la Couronne. 1271.

La Sorbonne par Robert Sorbon.

La Champagne réunie à la Couronne par le mariage de Philippe le Bel avec Jeanne de Navarre.

Philippe le Hardi laisse deux fils, Philippe le Bel qui lui succéde au Royaume de France, & Charles Comte de Valois par qui la race des Valois monte sur le thrône. 1285.

Philippe IV. dit le Bel Roi de France l'est aussi de Navarre par Jeanne de Navarre sa femme seule heritiére de Henri Roi de Navarre.

Enguerand de Marigni Ministre des Finances est pendu.

Premiéres

Premiéres Lettres d'érection en Duché-Pairie à Jean Duc de Bretagne. 1297.

Philippe le Bel se rend maître de la Flandre par Robert Comte de Valois.

Ordre de la Mercy 1218. des Carmes 1238. des Célestins 1344.

Papes.

Innocent III.
Honorius III.
Gregoire IX.
Célestin IV.
Innocent IV.
Alexandre IV.
Urbain IV.
Clement IV.
Gregoire X.
Innocent V.
Adrien V.
Jean XX.
Nicolas III. des Ursins.
Martin II.
Honorius IV.
Nicolas IV.
Célestin V.

Gens illustres.

Gingiskan Empereur des Tartares.

S. François d'Assise.

S. Antoine de Padoue.

S. Bonaventure.

S. Thomas d'Aquin.

Albert le Grand.

XIV. SIECLE

DEPUIS JESUS-CHRIST.

EN Orient à Michel Paleologue succéde Andronic Paleologue I. ensuite Andronic Paleologue II. puis Jean Paleologue I. Emmanuel Paleologue qui est en otage à la Cour Othomane lorsque son pere meurt : il s'échappe & vient à Constantinople où il est proclamé Empereur. 1328.

Bajazet lui déclare la guerre, Tamerlan grand Cam des Tartares Mogols le délivre, il défait l'armée de Bajazet qu'il fait prisonnier & le fait enfermer dans une cage de fer.

Tamerlan fonde l'Empire du Mogol, & rend tributaire les Royaumes de Malabar, de Visapour, Golconde, Cochinchine, Pegu, Tunquin, Siam. 1390.

A Adolphe Comte de Nassau succéde Albert I. à l'Empire d'Alle- 1308.
magne, & à celui-ci Henri de Luxembourg empoisonné dans une

hostie, auquel succéde Louis Louis V. Duc de Baviere, ensuite Charles IV. 1313. Comte de Luxembourg & Roi de Bohême. C'est lui qui a fait la constitution appellée la Bulle d'or qui prescrit ce qui doit s'observer à l'élection des Empereurs.

--- Vinceslas Roi de Bohême, son fils, est déclaré Roi des Romains par les Electeurs, puis Empereur. Ce Prince cruel avoit toujours un bourreau à ses côtés pour exécuter ses ordres.

Plusieurs Seigneurs se rendent maîtres des villes dont ils sont gouverneurs, les *Scaligers* à Veronne, les Princes d'Est à Ferrare, & les Gonzagues à Mantoue. 1334.

Clement V. fixe le saint *Siége* à Avignon. 1308.

Jacques d'Ossat Cardinal Evêque de Porto, s'élit Pape lui-même, il est appellé Jean XXII.

Schisme des deux Papes Urbain VI. & Clement VII. Celui-ci se retire à Avignon.

Gregoire IX. reporte le saint Siége à Rome. 1377.

Sainte Catherine de Sienne.

Charles de Duras s'empare du Royaume de Naples que lui donne Urbain.

Grislin Gouverneur d'Ury condamne Guillaume Tell Suisse à être pendu, ou à abbattre d'un coup de flêche une pomme sur la tête de son fils, il l'abbat, il avoit une seconde flêche qu'il dit être pour Grislin s'il eût manqué son coup. 1308.

Les Suisses secouent le joug.

Commencement de leur République.

Les Chevaliers de saint Jean de Jerusalem chassent les Turcs, & s'établissent à Rhodes sous le grand maître de Villaret. 1310.

-- Les Spencer pere & fils font trancher la tête à vingt-deux Barons en Angleterre, & obligent la Reine Isabelle femme d'Edouard II. de se refugier en France auprès de Charles le Bel son frere: elle en est chassée pour quelques familiarités avec Royer de Mortemer Gentilhomme Norman. Elle retourne en Angleterre, fait exécuter les Spencer, condamner son mari à la prison où elle le fait périr, Edouard III. son fils venge sa mort. 1325.

Edouard III. prend la qualité de Roi de France à la sollicitation de Jacques d'Artevelle qui fait révolter les Flamans. 1339.

Il institue l'ordre de la Jarretiére. 1349.

La Couronne d'Ecosse passe dans la maison de Stuart. 1370.

Richard II. Roi d'Angleterre est condamné par les Anglois à la prison, & étranglé. 1398.

Découverte & conquête des isles Canaries. 1396.

Les trois Couronnes de Suede, de Dannemarc & de Norvege sont réunies jusques en 1521. que la Suede est séparée du Dannemarc. 1395.

En Espagne, les Maures sont taillés en piéces au nombre de deux cents mille par Alphonse XI. 1340.

Ferdinand IV. Roi de Castille céde trente deux villes à Lacerda, d'où viennent les Ducs de Medinaceli.

Bataille de Courtray, les François sont battus. 1302.

Philippe le Bel perd ses conquêtes de Flandres.

Il remporte une victoire complette près Mons sur les Flamans, il fait mettre dans l'Eglise de Paris sa statue équestre. 1304.

Défense des Duels. 1305.

Supplices des Templiers, leur ordre est détruit, ils sont brulés à Paris. 1307.

Concile général de Vienne, discipline ecclésiastique. 1312.

Concile de Senlis. 1315.

Le Parlement de Paris est rendu sédentaire. 1308.

Comté de Lyon réuni à la Couronne.

Philippe le Bel épouse Jeanne héritiére de Champagne.

Démêlé du Roi avec Boniface VIII.

Calvisson de Nogaret va à Rome, Colonne frappe le Pape.

Mort de Philippe le Bel : il laisse trois fils, Louis Hutin, Philippe le Long, & Charles le Bel qui régnent chacun successivement.

Louis Hutin X.

Philippe V. dit le Long succéde à son frere, il exclut les Prélats du Parlement. 1316.

Il est le premier qui ennoblit des Roturiers.

Mort de Philippe V. il meurt sans enfans mâles. 1322.

Charles IV. dit le Bel succéde à Philippe son frere, il meurt sans enfans. 1328.

Philippe VI. dit le Valois petit-fils de Philippe le Hardi, & fils de Charles de Valois, parvient à la Couronne.

Il réunit à la Couronne le Comté de Brie.

Il conserve au Clergé sa Jurisdiction, Flamans défaits à la bataille de Cassel. 1329.

Charles de Lorraine Connétable. 1330.

Bataille navale de l'Ecluse, la Flotte Françoise de cent vingt voiles est battue par celle des Anglois. 1338.

Les armes à feu.

Gabelles en France. 1345.

Bataille de Creci, le Roi y est défait par les Anglois. 1346.

Secte des Flagellans.

Le Dauphiné uni à la Couronne en vertu des Traités faits avec le Dauphin Humbert II. dernier Prince de la Maison de la Tour-du-Pin. 1349.

Mort de Philippe de Valois, il laisse Jean & Philippe Duc d'Orléans son second fils qui fut nommé Dauphin. 1350.

Jean lui succéde.

Il fait empoisonner Charles le Mauvais Roi de Navarre.

La guerre recommence avec les Anglois.

Jean eſt défait à la bataille de Poitiers, par le fameux Prince de Galles ou Prince noir, qui n'avoit que huit mille hommes contre quatre-vingt mille, le Roi eſt fait priſonnier, & conduit en Angleterre. 1358.

Faction de la Jacquerie, les payſans ſe ſoulévent contre la Nobleſſe. Les Pariſiens ayant Etienne Marcel Prévôt des Marchands à leur tête, ſe révoltent contre le Dauphin Régent pendant la détention de Jean, & aſſaſſinent en ſa preſence le Marêchal de Champagne. 1360.

Traité de Bretigni près Chartres entre le Dauphin & les députés d'Edouard Roi d'Angleterre, le Roi Jean eſt mis en liberté après quatre ans de priſon.

Il meurt, & laiſſe Charles V. & Philippe le Hardi. 1364.

Charles V. dit le Sage, parvient à la Couronne.

Peſte conſidérable à Paris.

Bataille de Cocherel près Vernon, gagnée par Bertrand Dugueſclin contre le Roi de Navarre.

Dugueſclin reprend ſur le Prince de Galles le Poitou, la Saintonge, le Périgord, il eſt fait Connétable. 1370.

Le Connétable Dugueſclin ſe met

à la tête des grandes Compagnies [troupes volontaires courant la France,] il chasse Pierre le Cruel de la Castille. Le Duc d'Anjou frere de Charles V. est fait Roi de Naples, il en est chassé. 1370.

Philippe le Hardi Duc de Bourgogne.

Jean de Montfort Duc de Bretagne, Charles V. est fait prisonnier par Charles le Mauvais.

Le Prévôt de Paris pose les fondemens de la Bastille.

Charles V. déclare les Rois majeurs à 14. ans. 1374.

Jean de Montaigu Surintendant des Finances & Pierre des Essars qui lui succéde, ont la tête tranchée.

Les armes de France réduites à trois fleurs de lis.

Bataille de Rosebec gagnée sur les Flamans. 1382.

Mort de Charles V. Charles VI. son fils lui succéde. 1385.

Le Roi tombe en frénésie.

Hérésie de Wiclef.

Papes.

Boniface VIII.
Benoît XI.
Clement V.
Jean XXI.
Benoît XII.
Clement VI.
Innocent VI.
Urbain V.
Gregoire II,
Urbain VI.

Hommes illustres.

Jean de Paris.
Barthole.
Bocace.
Petrarque.
Sainte Brigitte.
Sainte Catherine de Sienne.
Joinville.
Dante, &c.

XV. SIECLE

DEPUIS JESUS-CHRIST.

EN Orient à Emmanuel Paleologue succéde Jean Paleologue II. à celui-ci Constantin Paleologue Dragasés. 1426.

Prise de Constantinople par Mahomet II. Empereur des Turcs, elle est mise au pillage malgré les prodiges de valeur de Constantin. Fin de l'Empire d'Orient. 1453.

Mahomet II. fait couper la tête à Iréne sa maîtresse à la tête de son armée qui murmuroit de le voir languir auprès d'une maîtresse.

Mahomet est obligé de lever le siege de Belgrade. 1456.

Il détruit le petit Empire de Trébisonde. 1461.

Les Tartares sont chassés de la Perse par Usumcassan Prince Turc qui régnoit en Arménie. 1470.

Ismaël Sophi descendant d'Ali, fait sur eux la conquête de la Perse. 1499.

Scanderberg Roi d'Albanie, & Corvin Huniade arrêtent les conquêtes de Mahomet II.

A Vinceslas succéde dans l'Empire d'Allemagne Robert. 1400.

Ensuite Sigismond, il érige la Savoye en Duché en faveur d'Amédée VIII. Celui-ci institue l'Ordre de saint Maurice. 1416.

Albert d'Autriche succéde à Sigismond son beau-pere au Royaume de Hongrie & de Bohême, & peu après à l'Empire. 1437.

Fréderic III. a le suffrage des Electeurs, & succéde à ce dernier, il érige Modène & Regio en Duché. 1453.

Il donne à l'Autriche le titre d'Archi-Duché. 1491.

Maximilien lui succéde, & épouse Marie de Bourgogne fille & héritiére de Charles le Téméraire, héritiére des 17 Provinces des Pays-Bas. 1500.

Maximilien divise l'Empire en 10 cercles.

Il marie son fils Philippe avec Jeanne d'Arragon fille aînée de Ferdinand qui met dans sa Maison l'Espagne, l'Italie & les Indes.

L'Imprimerie découverte en Allemagne. La poudre à Canon l'avoit été quelque tems avant. 1440.

Henri

Henri IV. ou l'Impuissant, pour éviter le mépris de ses sujets, se procure un enfant nommé Jeanne : à sa mort ses sujets refusent de la reconnoître pour héritiére du Royaume de Castille.

La Couronne passe à Isabelle sœur de Henri.

Ferdinand Infant d'Arragon refuse la Couronne, pour la conserver à son Neveu. 1407.

Il défait les Maures de Grenade, & est élu Roi d'Arragon, auquel il joint le Royaume de Grenade. 1410.

Ferdinand épouse Isabelle de Castille, unit encore la Castille à l'Arragon, il chasse les Juifs & les Maures, & établit l'inquisition. 146[illegible].

Christophe Colomb, Génois, fait la découverte de l'Amérique & des Antilles. 1492.

Les Portugais découvrent l'isle de Madere. 1420.

Barthelemi Dias Portugais découvre le Cap de Bonne-Espérance, & ouvre le chemin des Indes Orientales.

Les Portugais découvrent encore le Bresil. 1500.

Les Génois chassent les François, & se remettent en liberté. 1409.

Après la mort de Jacques Roi de Chypre, Venise se met en possession de cette isle à elle laissée par Jacques. 1477.

Concile de Pise. 1409.

Concile de Constance. Jean Hus brulé, Jérôme de Prague condamné au même supplice. Extinction du schisme. 1414.

Concile de Bâle, réforme de l'Eglise. 1431.

Concile de Florence, où il est traité de la réunion de l'Eglise Grecque à la Latine.

Réné Roi de Naples meurt : il laisse le Duché de Bar à René Duc de Lorraine son petit-fils. 1479.

Commencement de l'Empire des Czars de Russie ou Moscovie, le Duc Jean secoue le joug des Tartares, prend Moscou. 1470.

L'Angleterre est troublée par la

discorde des maisons d'Yorck, & de Lancastre sous les noms de la rose rouge & la rose blanche. 1450.

Richard Duc d'Yorck déthrône Henri VI. de la maison de Lancastre. 1458.

Henri VII. de la Maison de Lancastre par sa mere, remonte sur le thrône d'Angleterre après avoir défait & tué Richard III. il réunit en sa personne les droits des Maisons d'Yorck & de Lancastre. 1485

En France sous Charles VI. jalousies de gouverner entre Jean Sans-peur Duc de Bourgogne & le Duc d'Orléans.

Le Duc d'Orléans assassiné. 1407.

Faction des Bourguignons pour le Duc de Bourgogne, & des Armagnacs pour le Duc d'Orléans. Anglois appellés par la Reine.

Bataille d'Azincourt gagnée par Henri V. contre les François. 1415.

Mort du Connétable d'Armagnac.

Isabelle de Baviére Reine de France livre Paris & Tours aux Anglois, & force le Dauphin de se retirer à Poitiers. 1416.

Les Anglois se saisissent de la Normandie. 1419.

Le Duc de Bourgogne est assassiné sur le pont de Monterau par Duchâtel.

Lit de justice, les coupables de ce meurtre déchus, & le Roi d'Angleterre appellé à la Couronne de France. 1420.

Mort d'Henri V. elle est suivie de celle du Roi Charles VI. 1422.

Betfort, Anglois, est Régent.

Henri VI. est couronné Roi de France & d'Angleterre, il est chassé de l'Angleterre par Edouard IV. & de France par Charles VII. qui parvient à la Couronne.

Charles de Lorraine Connétable.

Bataille de Cravan.

Bataille de Verneuil, le Roi est battu par le Duc de Betfort. 1424.

Orléans est assiégé par les Anglois. 1428.

Jeanne d'Arcq ou la Pucelle d'Orléans délivre Orléans.

Auxerre, Troye, Châlons, Soissons, Compiégne &c. se rendent au Roi, il est couronné à Reims.

Jeanne d'Arcq est faite prisonniére par les Anglois au siége de Compiégne. 1430.

Elle est conduite à Rouen où elle est brûlée. 1431.

Prise de Paris, accommodement avec Philippe le Bon, révolte du Dauphin.

Bataille de Fourmigni.

Charles VII. reprend la Normandie, restée depuis à la France.

Ses Généraux reprennent la Guyenne, & Bordeaux, le Roi y fait bâtir le Château-trompette. 1451.

Philippe le Bon, Duc de Bourgogne, institue l'ordre de la Toison d'or pour illustrer son mariage avec Isabelle fille du Roi de Portugal. 1428.

Le Roi d'Espagne est chef de cet ordre, comme héritier de la maison de Bourgogne.

Premier Traité de la France avec les Suisses.

Mort de Charles VII. Louis XI. son fils lui succéde. 1461.

Guerre du bien public des Princes contre le Roi.

Bataille de Montlhery. 1465.

Institution de l'ordre de saint Michel. 1469.

Le Roi prend saint Quentin, Amiens, Roye & Montdidier. 1470.

Edouard IV. fait une descente à Calais, Louis XI. convient de lui payer une somme, les deux Rois se voient sur le pont de Pequigny. 1476.

Bataille de Morat par Charles le Téméraire Duc de Bourgogne contre les Suisses, il est battu, il va mettre le siége devant Nancy où il est tué.

Louis XI. prend la Bourgogne réunie à titre de reversion.

Charles d'Anjou laisse au Roi par testament l'Anjou, la Provence & ses droits sur Naples & la Sicile. 1481.

Beauvais défendu par Jeanne Hachete à la tête des femmes.

Traité de Vervins.

Le Connétable de saint Paul & le Duc de Nemours décapités.

Charles VIII. monte sur le thrône à treize ans. 1483.

Le gouvernement du Royaume est donné à Anne de Beaujeu fille de Louis XI. sœur du Roi. 1484.

Bataille de saint Aubin gagnée par Louis de la Trémoille.

La Bretagne réunie à la France par le Mariage de Charles VIII. avec une fille de François Duc de Bretagne. 1491.

Expédition de Naples.

Le Roi entre en vainqueur dans Rome, il y fait des actes de souveraineté. Alexandre VI. capitule avec lui, lui livre Zizime frere de Bajazet. 1494.

Le Roi s'empare de Naples. 1495.

Louis XII. surnommé le Pere du peuple lui succéde, il fait déclarer nul son mariage avec Jeanne fille de Louis XI. Elle se retire à Bourges, où elle fonde les Annonciades. 1498.

Il épouse Anne de Bretagne.

Le Roi se rend maître du Duché de Milan, il y établit un gouvernement. 1499.

Il partage le Royaume de Naples avec Ferdinand Roi d'Espagne. 1500.

Papes.

Boniface IX.
Innocent III.
Gregoire XII.
Alexandre V.
Jean XXII.
Martin III.
Eugene IV.
Nicolas V.
Calixte III.
Pie II.
Paul II.
Sixte IV.
Innocent VIII.
Alexandre VI.

Hommes illustres.

Léon Aretin.
Saint François de Paule.
Froissart.
A Kempis.
Alain Chartier.

XVI. SIECLE

DEPUIS JESUS-CHRIST.

SElim Empereur des Turcs étend ses conquêtes en Syrie & en Egypte. 1517.

Soliman II. prend Belgrade en Hongrie & l'isle de Rhodes aux Chevaliers de saint Jean de Jerusalem, auxquels Charles-quint donna Malthe depuis, il assiége Vienne. 1522.

Le Corsaire Barbe-rousse se rend maître des Royaumes d'Alger & de Tunis, dont il avoit chassé Muley-Assan, Charles-quint bat Barbe-rousse & rétablit Muley-Assan dans Tunis, délivre vingt mille esclaves Chrétiens. 1534.

Soliman II. fait le siége de Malthe, il y perd une partie de son armée, & est obligé de lever le siége. 1565.

Cherifs Empereur de Maroc & Roi de Féz. 1512.

Journée de Guinegaste, où Maximilien Empereur d'Allemagne, & Henri VIII. Roi d'Angleterre se rendent maîtres de Terouenne & de Tournay. 1515.

Charles d'Autriche ou Charles-quint est élu Empereur. 1519.

Martin Luther Augustin publie son hérésie.

Confession d'Ausbourg, les Protestans la présentent à l'Empereur dans cette ville.

Il érige Florence en Duché, & éleve la maison de Médicis.

Bataille de Mulberg, l'Empereur Charles V. fait prisonnier Jean Frederic Electeur de Saxe, il donne son Electorat à Maurice de la même maison. 1547.

Charles-quint se démet de la Couronne d'Espagne en faveur de Philippe II. son fils. 1555.

Il se démet de l'Empire en faveur de Ferdinand son frere & se retire dans un Couvent, il ne se réserve que quelques domestiques & 300. mille liv. de pension qui lui sont mal payées. 1556.

A Ferdinand succéde Maximilien II. 1564.

Bataille de Lepante gagnée contre les Turcs par Dom Jean d'Autriche bâtard de Charles-quint. 1571.

A Maximilien II. succede Rodolphe. 1576.

Concile de Latran à Rome, 1511.

Concordat entre Leon X. & François I.

Ouverture du Concile de Trente qui ne finit qu'en 1563. 1545.

Les Génois se révoltent contre la France. 1506.

Doria établit à Gênes la forme du gouvernement qu'on y voit aujourd'hui. 1528.

Les Rois d'Espagne sont maîtres de Naples & de Sicile. 1503.

Le Cardinal Ximenès gouverne l'Espagne, & prend Oran.

Ferdinand Roi d'Espagne, sous prétexte d'une Bulle d'excommunication contre le Roi de Navarre, s'empare de la Navarre & l'ôte à Jean d'Albret son Prince légitime. 1512.

Les Espagnols s'étendent dans le Nouveau monde, Fernand Cortez y fait la conquête du Mexique. 1519.

François Pizaro celle du Perou. 1525.

Philippe II. Roi d'Espagne s'empare du Portugal, à cause des droits d'Isabelle sa mere fille d'Emmanuel Roi de Portugal. 1580.

Schisme d'Henri VIII. Roi d'Angleterre : il répudie Catherine d'Arragon sa femme, & épouse Jeanne de Boulen. 1534.

Il est proclamé Roi d'Irlande. 1536.

Il apostasie, il fait la rupture des cloîtres.

Thomas Cramer, Archevêque de Cantorbery, établit l'hérésie en Angleterre. 1547.

A Henri VIII. succéde Edouard V. & à celui-ci.

Marie fille de Catherine d'Arragon, sœur aînée d'Edouard, elle rétablit la Religion Catholique en Angleterre. 1553.

Elisabeth Reine d'Angleterre sur des soupçons de conspiration, fait couper la tête à Marie Stuard Reine d'Ecosse sa cousine, veuve en premiéres noces de François II. Roi de France, & en secondes noces d'Henri Stuard. 1587.

Elle replonge le Royaume dans l'erreur.

Le Comte d'Essex favori d'Elisabeth, décapité à Londres. 1600.

Jacques III. réunit en sa personne les trois Royaumes d'Angleterre, d'Ecosse & d'Irlande.

Révolution des Pays-Bas occasionnée par la dureté du Duc d'Albe. Il fait décapiter les Comtes d'Horn & d'Egmont. 1567.

Faction des Gueux.

Duc d'Anjou appellé.

Union des Provinces, République de Hollande. 1579.

Les Hollandois s'établissent des Colonies aux Indes Orientales. 1597.

La République des Suisses prend sa forme. 1515.

La Tartarie occupée dans son origine par les Scythes, passe sous la domination des Czars de Russie, & des Empereurs de Chine & de Perse. 1554.

Les Turcs Ottomans s'emparent de l'Egypte, de la République de Tripoli, Alger & Tunis. 1517.

Louis XII. Roi de France a pour Ministre le Cardinal d'Amboise.

Bataille

Bataille d'Aignadel gagnée par Louis XII. en personne contre les Vénitiens. 1509.

Bataille de Ravenne gagnée par les François.

La perte de celle de Novare fait perdre le Milanès.

Le Roi fait la paix, épouse la sœur d'Henri VIII. & reconnoit le Concile de Latran.

Louis XII. diminue les impôts.

Mort de Louis XII. 1515.

François I. de Valois, arriére petit-fils du Duc d'Orléans, lui succéde : il épouse Claude de France fille de Louis XII.

Bataille de Marignan gagnée contre les Suisses, elle dure deux jours & rend le Roi maître du Milanès. 1515.

Traité de Fribourg ou paix perpétuelle avec les Suisses. 1616.

Trouble du Luthéranisme en France.

Prise de Fontarabie par l'Amiral François de Bonnivet.

Découverte & conquête du Canada par les François sous la conduite de Varrazzano Florentin. 1524.

Le Roi perd la bataille de Pavie contre Charles-quint, il y est fait prisonnier & transféré en Espagne. 1526.

Le Roi rentre en France, l'on

donne pour otages des ceſſions qu'il fait, ſes deux enfans. 1526

Déſertion du Connétable de Bourbon qui marche vers Rome, la ſaccage, inveſtit le Pape dans le château ſaint Ange, & eſt tué au ſac de cette ville. 152

Le Roi s'empare de la Savoye & du Piémont. 153

Calvin répand ſa doctrine : il eſt ſoûtenu de la ſœur du Roi.

Charles-quint adjourné à la Cour des Pairs. 1537

Il vient à Paris, François I. lui fait rendre des honneurs.

Bataille de Cériſoles gagnée par le Comte d'Enguien, elle procure la conquête du Montferrat. 1544.

Paix avec l'Angleterre. 1546.

Les Médicis à Florence, Leon X. à Rome & François I. en France font renaître les Beaux-Arts.

Mort de François I. il laiſſe Henri & Charles Duc d'Orléans. 1547.

Henri II. regne.

Alliance renouvellée avec les Suiſſes. 1549.

François de Lorraine Duc de Guiſe oblige l'Empereur Charles-quint de lever honteuſement le ſiége qu'il met devant Metz avec cent mille hommes.

Les François s'emparent de l'iſle

de Corse sur les Génois. 1553.

Le Roi défait les Impériaux à la bataille de Renti après avoir ravagé le Brabant, le Hainaut & le Cambresis : il cherche l'occasion de combattre Charles-quint de personne à personne, Charles l'évite. 1554.

Mort d'Henri d'Albret Roi de Navarre, il laisse sa Conronne à Jeanne Dalbret sa fille, femme d'Antoine de Bourbon duc de Vendôme. 1555.

Siége & bataille de saint Quentin par Emmanuel-Philibert Duc de Savoye, défendu par l'Amiral Coligni : il est fait prisonnier. 1557.

Le Maréchal de Termes prend Dunkerque, il est battu par le Comte d'Egmont à Gravelines. 1558.

Le Duc de Guise est fait Lieutenant-général du Royaume, il prend Calais. 1558.

Traité de Cateau-Cambresis. 1559.

Edit de mort contre les Lutheriens.

Henri II. meurt de la blessure de l'éclat d'une lame que rompit avec lui le Comte de Montgomeri dans un tournois. 1559.

François II. son fils lui succéde, il épouse Marie Stuard décapitée sous la Reine Elisabeth.

Les Princes de Guise oncles de la Reine la gouvernent.

Conspiration d'Amboise contre les Guises. 1660.

Charles IX. succéde âgé de dix ans, la Régence donnée à Catherine de Médicis.

Trouble des Huguenots.

Etats à Orléans.

Edit d'Amboise qui accorde aux Huguenots l'exercice public de leur Religion. 1562.

Premiére guerre civile, le Prince de Condé est déclaré chef des Protestans, il surprend Orléans qui devient la retraite de l'hérésie.

Bataille de Dreux gagnée sur les Huguenots par le Duc de Guise.

Massacre de Vassy entre les Huguenots & les domestiques du Duc de Guise qui rallume la guerre.

Les Huguenots s'emparent de plusieurs villes, ils y font plusieurs massacres & profanations : Arrêt du Parlement qui enjoint de les tuer par-tout où ils se trouveront.

Siége d'Orléans. 1563.

François de Lorraine Duc de Guise est assassiné par Poltrot.

Paix avec l'Angleterre. 1664.

Les Huguenots prennent la Rochelle.

Seconde guerre civile.

Bataille de saint Denys, les Huguenots sont battus. 1567.

Troisiéme guerre civile.

Bataille de Jarnac, le Prince de Condé est tué par Montesquiou. 1569.

Bataille de Montcontour.

Le Parlement met la tête de l'Amiral Coligni à prix, & le condamne à la mort avec le Vidame de Chartres & le Comte de Montgomeri : ils sont exécutés en effigie.

Paix de saint Germain : on permet aux Huguenots l'exercice de leur Religion, l'entrée aux Charges, on leur laisse la Rochelle. 1570.

Massacre des Huguenots à Paris le jour de saint Barthelemi. 1572.

Quatriéme guerre civile, révolte de Montauban, siége de la Rochelle par Monsieur contre les Huguenots. 1573.

Le Chancelier de l'Hôpital se distingue dans ce régne, & meurt de chagrin de le voir troublé de tant de discordes.

Henri III. revient de Pologne prendre possession de la Couronne de France après la mort de son frere : il épouse Louise de Lorraine. 1574.

Régne des Favoris, Joyeuse, saint Megrin, &c.

Montgomeri condamné à mort.

Henri Duc de Guise est blessé près Château-Thierri d'un coup de pistolet au visage, d'où il est nommé le Balafré. 1575.

La Ligue, appellée la sainte Ligue, signée à Peronne : le Roi est obligé de la signer. 1576.

Edit de pacification.

Institution de l'Ordre du Saint-Esprit par Henri III. 1579.

Le Calendrier Grégorien reçu en France. 1582.

Sixte-quint excommunie le Roi de Navarre & le Prince de Condé, & les déclare incapables de succéder à la Couronne : ils en appellent comme d'abus. Henri IV. fait afficher son acte d'appel aux portes du Vatican. 1585.

Guerre dite des trois Henris, Henri III. à la tête des Royalistes, Henri IV. Roi de Navarre à la tête des Huguenots, & Henri Duc de Guise à la tête de la Ligue. 1586.

Ligue des Seize.

Bataille de Coutras.

Journée des Barricades, le Duc de Guise reste maître de Paris. 1588.

Le Duc de Guise & le Cardinal de Guise son frere sont massacrés pendant la tenuë des Etats de Blois.

Le Roi s'accorde avec le Roi de Navarre près Tours.

Le Parlement emprisonné par les 16.

Les deux Rois marchent vers Paris.

Le Roi est assassiné par Jacques Clement, il déclare en mourant Henri Roi de Navarre son successeur. Dans la personne de Henri III. finit la branche des Valois. 1589.

Le Duc de Mayenne fait déclarer Roi le Cardinal de Bourbon, il fut nommé Charles X. il est fait prisonnier.

Henri IV. ou le Grand parvient à la Couronne, il descend de Robert Comte de Clermont fils de saint Louis.

Combat d'Arque contre le Duc de Mayenne. Henri IV. ayant reçu des troupes d'Angleterre, s'avance vers Paris, force cinq fauxbourg, & est obligé de se retirer à l'approche des Ducs de Mayenne & de Nemours. 1589.

Bataille d'Ivry gagnée par Henri IV. sur le Duc de Mayenne, Paris est serré & éprouve une horrible famine. 1590.

Conférence de Surêne, le Roi fait son abjuration. 1593.

Paris ouvre ses portes au Roi, toutes les villes du Royaume le reconnoissent. 1594.

Le Duc de Mayenne fait son accommodement.

Combat de Fontaine-Françoise, le Roi met en fuite dix-huit mille hommes avec un petit nombre de Cavaliers. 1595.

Edit de Nantes en faveur des Protestans. 1598.

Traité de paix de Vervins entre la France & l'Espagne.

Le Pape prononce la nullité du mariage d'Henri IV. avec Marguerite de Valois.

Le Roi épouse à Lyon Marie de Medicis. 1600.

Etablissement des Manufactures de soye en France, de tapisserie, de fayance, verrerie, &c.

Papes.

Pie III.
Jules II.
Léon X.
Adrien VI.
Clément VII.
Paul III.
Jules III.
Marcel II.
Paul IV.
Pie IV.
Pie V.
Gregoire XIII.
Sixte V.
Urbain VII.
Gregoire XIV.
Innocent IX.
Clement VIII.

Hommes illustres.

Arioste.
Copernic.
Luther.
Machiavel.
Magellan.
Clem. Marot.

Parocelse.
Raphaël.
S. François Xavier.
S. Ignace.
Marguerite Reine de Navarre.
Rabelais.
Scaliger.
Calvin.
S. François de Borgia.
Ch. Dumoulin.
Michel Ange.
Michel Nostradamus.
Le Chancelier de l'Hôpital.
Baïus.
S. Charles Borromée.
Louis de Guise Cardinal.
Philibert de Lorme.
Pierre Rousard.
Sainte Therèse.
Titien.
Achille de Harlai premier Président.
Annibal Carache.
Jasq. Cujas.
Louis Molina.
Michel de Montagne.
Jean Nicot.
Jos. H. Scaliger.
Tycho Brahé.
Vossius.
Maximilien de Bethune.

XVII. SIECLE

DEPUIS JESUS-CHRIST.

EN Orient les Turcs prennent Candie. 1688.

Opra Pitracha favori du Roi de Siam, s'empare du thrône. 1668.

Les Tartares de Montheous s'emparent de la Chine qui avoit été jusque-là possédée par les Naturels du pays, & avant par les Tartares Orientaux. 1645.

A Rodolphe II. Empereur d'Allemagne succéde Matthias. 1612.

A Matthias succéde Ferdinand II.

Bataille de Nortlingue, l'armée Suédoise taillée en piéces par les troupes de l'Empereur. 1634.

Ferdinand III. succéde à l'Empire, ce Prince trouve l'Empire affoibli. 1637.

Traité de Munster. 1648.

A l'Empereur Ferdinand III. succéde Leopold I. qui n'est nommé que l'année suivante. 1657.

Combat de S. Godard, les Turcs sont défaits par Montecuculli secondés par six mille François, & par le Prince Charles Leopold neveu du Duc de Lorraine. 1664.

Le grand Visir Cara Mustapha fait le siége de Vienne avec deux cent mille hommes, l'Empereur & l'Impératrice se sauvent de Vienne: Jean Sobieski depuis Roi de Pologne, & Charles V. de Lorraine font lever le siége & les défont. 1683.

Le Duché d'Hanovre érigé en Electorat. 1692.

Traité de Carlowits entre la Porte, l'Empereur, la Moscovie, la Pologne & Venise. 1699.

L'Empereur fait proclamer à Vienne Roi d'Espagne l'Archiduc Charles son second fils, qui passe en Espagne. 1700.

Les Napolitains appellent à leur secours Henri de Lorraine Duc de Guise, il est créé Duc de la République de Naples. 1647.

Le Portugal reconnoît pour Roi Jean IV. Duc de Bragance. 164

Les Eſpagnols prennent Oſtende ſur les Hollandois. 1604.

Philippe III. chaſſe les Maures d'Eſpagne au nombre de neuf cent mille. 1610.

Bataille de Villaviciosa, les Eſpagnols ſont battus par les Portugais. 1664.

Charles II. Roi d'Eſpagne fait la paix avec le Portugal, & reconnoît la Couronne de Portugalle libre & indépendante de celle de Caſtille. 1667.

Les Ambaſſadeurs des Princes de l'Europe concluent à Londres le premier Traité de partage de la Monarchie d'Eſpagne du vivant du Roi Charles. 1698.

Ce Traité n'a point d'exécution par la mort du Prince de Baviere qui y avoit été déſigné Roi d'Eſpagne.

Second Traité ſigné à Londres, on donne la Monarchie d'Eſpagne à l'Archiduc. 1700.

Teſtament de Charles II. qui déclare héritier Philippe de France Duc d'Anjou, ſecond fils de M. le Dauphin.

Le Duc d'Anjou proclamé Roi ſous le nom de Philippe V.

Bataille de Sarragoſſe, Philippe V. quitte

quitte Madrid & se retire à Valladolid, le Duc de Vendôme vient l'y rejoindre. 1710.

Bataille de Villaviciosa, Philippe V. entre triomphant dans Sarragosse, ses affaires prennent une nouvelle forme.

Le Roi d'Espagne céde à l'Electeur de Baviere les Pays-Bas Espagnols. 1712.

Jean Casimir Roi de Pologne abdique. 1668.

Jean Sobieski grand Maréchal du Royaume de Pologne remporte sur les Turcs une victoire qui l'éleve au thrône. 1674.

Le Prince de Conti est proclamé Roi de Pologne, & deux heures après Frederic-Auguste Electeur de Saxe, qui demeure maître de la Couronne. 1697.

Stanislas Leczinski Palatin est élu Roi de Pologne. 1704.

La Suede secoue le joug de Sigismond Roi de Pologne pour se donner à Charles oncle du Roi. 1603

Gustave Adolphe. 1611.

Journée de Leipsic. 1631.

Passage du Leck par Gustave. Ce Prince après avoir défait les Danois & les Impériaux soumet la Poméranie, la basse Saxe, la Baviere, le Palatinat, l'Electorat de Mayence : il est tué à la bataille de Lutzen. 1632.

La fameuse Christine sa fille lui succéde.

Elle abdique en faveur de Charles Gustave Duc des deux Ponts. 1653.

Elle meurt à Rome. 1689.

Guerre du Nord commencée par le Roi Auguste & le Czar contre Charles XII. âgé de dix-huit ans, l'Electeur de Saxe vouloit assujettir la Pologne. 1700.

Bataille de Nerva où Charles XII. avec vingt mille hommes bat le Czar avec quatre-vingt mille.

Charles XII. défait Auguste Roi de Pologne près Cracovie. 1702.

Bataille de Pultowa où Charles XII. est défait par le Czar, Charles XII. se sauve à Bender avec Stanislas qu'il avoit fait Roi de Pologne. Auguste remonte sur le thrône. 1709.

Le faux Démétrius grand Duc de Moscovie est assassiné. 1605.

Le Czar Pierre voyage en Hollande, en Angleterre, en France & à la Cour de Vienne, & police sa nation. 1698.

En Lorraine, Charles de Lorraine qui avoit épousé Nicole fille aînée de Henri II. Duc de Lorraine, lui succéde dans ce Duché sous le nom de Charles VI. 1624.

La République d'Hollande est reconnue pour Souveraine. 1609.

Les Hollandois fondent la ville de Batavia en Asie. 1619.

Le Prince d'Orange est déclaré Stathouder d'Hollande. 1672.

Corneille & Jean de With à qui l'on attribue les malheurs de la République, sont massacrés.

Mort d'Elisabeth Reine d'Angleterre. 1603.

Conspiration des Poudres pour faire sauter le Parlement d'Angleterre.

Charles I. est forcé par l'insolence des Communes de sortir de

Londres, il manque de prendre la ville de Hall où s'étoit jetté le fameux Cromwel 1642.

Bataille de Keinston.

Olivier Cromwel bat le Prince Robert à la bataille d'Yorck, la Reine d'Angleterre vient à Paris. 1644.

Bataille de Noerbi : le Chevalier Thomas Fairfaix & Olivier Cromwel mettent en déroute l'armée de Charles I. 1645.

Le Parlement d'Ecosse livre Charles I. aux Parlementaires, ce Prince se sauve dans l'isle de Wick où il trouve une prison. 1647.

Procès de Charles I. qui a la tête tranchée à Witehal, la Chambre des Pairs est supprimée, tout le pouvoir passe au peuple, Cromwel est déclaré Général perpétuel des troupes & regne sous le titre de Protecteur. 1649.

Charles II. reconnu en Irlande Roi d'Angleterre se retire en France.

Cromwel défait les Ecossois du parti de Charles II. Montrose sujet fidele est fait prisonnier & pendu. 1650.

Mort de Cromwel, enterré dans le tombeau des Rois d'Angleterre : son fils Richard lui succéde & abdique. 1658.

Charles II. remonte sur le thrône par les soins du Général Monk, il fonde la *Société* Royale de Londres. 1660.

Guerre entre l'Angleterre & la Hollande pour la côte de Guinée. 1664.

Embrasement de la ville de Londres.

Traité de triple alliance entre l'Angleterre, la Suede & la Hollande. 1668.

Jacques II. monte sur le thrône. 1685.

Le Roi Jacques se sauve de Rochester avec le Duc de Berwick son fils naturel, il vient à saint Germain. 1689.

Bataille de la Boine, le Prince d'Orange défait le Roi Jacques, & est proclamé Roi. 1690.

Bataille de Rilconnel en Irlande gagnée par les Rebelles. 1691.

Les Anglois s'emparent de la Sardaigne & du Port Mahon. 1708.

En France sous Henri IV. Biron est décapité pour intelligences avec les Espagnols & le Duc de Savoye. 1602.

Réunion de la Navarre à la Couronne. 1607.

Institution de l'Ordre de Notre-Dame de Mont-Carmel uni à celui de saint Lazare. 1608.

Henri IV. est assassiné par Ravaillac. 1610.

Louis XIII. son fils lui succéde.

La Reine Marie de Medicis est tutrice du Roi & Régente du Royaume.

Le Duc de Guise est nommé Lieutenant général de l'armée.

Guerre des mécontens, elle finit par la mort du Maréchal d'Ancre. 1617.

Marie de Medicis releguée à Blois.

Conjuration de Venise par l'Ambassadeur d'Espagne. 1618.

Traité d'Angoulême entre la Reine mere & le Roi. 1619.

Réunion du Bearn. 1620.

Premiére guerre des Huguenots, M. de Rohan & Soubise en sont les Chefs, ils gardent Montauban & la Rochelle. 1621.

La guerre finit par la confirmation de l'Edit de Nantes.

Paris érigé en Archevêché.

Traité de Compiégne avec les Hollandois. 1624.

Suppression de la charge de Connétable, Lesdiguieres fut le dernier. 1627.

Fameuse digue & prise de la Rochelle, Montauban pris.

Le Roi s'empare de la Savoye.

Complot contre le Cardinal de Richelieu.

Journée des Dunes.

Traité entre la France & la Suede pour s'opposer à la puissance de la maison d'Autriche. 1631.

Mécontentement du Cardinal.

Gaston se retire à Montpellier où il est défait par le Maréchal Schombert, Montmorenci est pris & décapité. La Reine Marie de Medicis se retire à Bruxelles.

Le Maréchal de Marillac décapité. 1632.

Le Roi s'empare de Pont-à-mousson, de Bar-le-Duc, &c. sur le Duc de Lorraine.

Grands jours tenus à Poitiers. 1634.

Siége de Turin par Henri de Lorraine, Comte d'Harcourt grand Ecuyer : M. de Turenne s'y distingue.

Le Duc de Lorraine vient à Paris, signe un Traité à saint Germain, rend hommage pour le Duché de Bar, & est rétabli dans ses Etats. 1641.

Le Prince Monaco se met sous la protection de la France. Erection du Duché de Valentinois.

Mazarin fait Cardinal.

Cinqmars & de Thou ont la tête tranchée.

Bataille de Villefranche gagnée sur les Espagnols. 1642.

Bataille de Lerida en Catalogne gagnée par les François.

Conquête de Roussillon.

Mort du Cardinal de Richelieu.

Le Cardinal Mazarin entre au Conseil, le Roi défere la Régence à la Reine Anne d'Autriche, M. le Duc d'Orléans est déclaré Lieutenant-général du Roi mineur.

Mort de Louis XIII. 1643.

Louis XIV. son fils âgé de cinq ans lui succéde.

La Régence & la tutelle est déferée à la Reine mere Anne d'Autriche.

Bataille de Rocroi gagnée contre les Espagnols par le Duc d'Enguien âgé de vingt-deux ans.

Le Maréchal de Brezé défait la Flotte Espagnolle près Gibraltar.

Journée de Fribourg. 1644.

Turenne battu à Mariendal. 1645.

Paix de Munster : Traité entre la France, l'Espagne, l'Empire & la Hollande. Metz, Toul, Verdun & l'Alsace demeurent à la France. 1648.

Révolte de Naples, le Prince de Guise est pris & mené en Espagne.

Guerre civile.

Frondeurs & Mazarins.

Journée des Baricades.

Le Roi se retire à saint Germain. 1649.

Le Prince de Condé & le Duc d'Orléans font le blocus de Paris, le Prince de Condé prend Charenton, les troubles s'appaisent.

Le Prince de Condé, de Conti & le Duc de Longueville forment un parti, ils sont faits prisonniers & conduits à Vincennes. 1650.

Le Parlement demande la liberté des Princes, il bannit Mazarin qui se retire à Cologne, le Prince de Condé à Bordeaux. 1651.

Combat d'Etampes où M. de Turenne pour le Roi a l'avantage sur le Prince de Condé. 1652.

Le Prince de Condé s'empare de Charenton, pressé par l'armée Royale il se jette dans le fauxbourg saint Antoine où se donne le fameux combat. Paris ouvre ses portes au Prince de Condé, les Princes rebelles sont défaits par M. de Turenne.

Les troubles s'appaisent.

Le Cardinal de Retz est mis à Vincennes.

Le Cardinal de Mazarin rentre dans Paris. 1653.

Le Vicomte de Turenne fait lever le siége d'Arras au Prince de Condé.

Le Duc de Vendôme met en fuite la flotte d'Espagne devant Barcelonne. 1655.

Bataille des Dunes gagnée par M. de Turenne contre le Prince de Condé. 1658.

Traité de paix des Pirenées entre l'Espagne & la France.

Mariage du Roi avec Marie-Therèse d'Autriche fille de Philippe IV. Roi d'Espagne. 1660.

Mort du Cardinal de Mazarin.

Fouquet dernier Surintendant des Finances est arrêté. 1661.

Le Duc de Crequi Ambassadeur à Rome est insulté, le Roi s'empare d'Avignon & se prépare à envoyer une armée en Italie.

Alexandre VII. implore la clémence du Roi qui lui rend Avignon.

Entreprise du Canal de Languedoc pour la jonction des deux mers par Riquet. 1664.

Diverses Manufactures.

Le Duc de Beaufort bat sur mer les Corsaires d'Alger.

Paix de Breda entre la France & l'Angleterre & autres Couronnes.

Conquêtes en Flandre pour les droits de la Reine.

Conquête par le Roi de la Franche-Comté en hyver en 16. jours rendue au Traité d'Aix la Chapelle. 1668.

Paix signée à Aix la Chapelle entre la France & l'Espagne.

La Duchesse d'Orléans sœur du Roi d'Angleterre est chargée de détacher le Roi d'Anglererre de la triple alliance. 1670.

Le Roi engage l'Empereur & le Roi de Suede à renoncer à la triple alliance. 1671.

Déclaration de guerre par la France & l'Angleterre à la Hollande. 1672.

Conquête de la Hollande, les Etats se sauvent à Amsterdam.

Passage du Rhin.

Conquête de la Franche-Comté, elle reste à la France. 1674.

Le Maréchal de Turenne bat les Impériaux près Sintzim, les François restent maîtres du Palatinat qui est saccagé.

Bataille de Senef en Flandre gagnée par le Prince de Condé, il reste vingt-huit mille hommes sur la place.

Conjuration du Chevalier de Rohan en Normandie, il a la tête tranchée.

Mort de Turenne tué près Strasbourg. 1675.

Descente de Tromp à Belle-isle, l'Amiral Duquesne bat Ruiter deux fois.

Bataille de Cassel, le Prince d'Orange y est battu. 1677.

Reddition d'Ypre où M. le Duc d'Elbeuf a la jambe caſſée.

Paix de Nimegue avec la Hollande, l'Eſpagne & l'Empire, le Roi retient la Franche-Comté, &c. on convient de rétablir le Prince Charles de Lorraine dans ſes Etats. 1678.

Premier établiſſement des François dans les Indes Orientales par la confirmation de l'acquiſition de Pondicheri. 1680.

Les Genois entretiennent des intelligences avec l'Eſpagne, le Roi les fait bombarder. 1784.

Ambaſſadeurs d'Alger en France.

Tréve de Ratiſbonne pour vingt ans entre la France, l'Eſpagne & l'Empire.

Le Doge de Gênes & quatre Sénateurs viennent faire ſatisfaction au Roi. 1685.

Le Maréchal d'Eſtrées bombarde Tripoli, Tunis, conclut ſa paix.

-- Révocation de l'Edit de Nantes.

Affaire du Quiétiſme.

Fameuſe ligue d'Auſbourg contre le Roi de France. 1687.

Affaire des franchiſes à Rome avec Innocent II.

Le Roi offenſé envoie Ravardin à Rome.

Le Roi déclare la guerre au Roi d'Eſpagne.

Ravage

Ravage du Palatinat.

Bataille de Fleurus près Charleroi gagnée par le Maréchal de Luxembourg sur les Espagnols & les Hollandois. 1690.

Combat naval à la hauteur de Dieppe, les Flottes Angloises & Hollandoises sont battues.

Victoire de Stafarde par M. de Catinat sur le Duc de Savoye.

Bombardement de Liége. 1691.

De Barcelone.

Combat de Steinkerque. 1672.

Le Duc de Savoye ravage le Dauphiné.

Institution de l'Ordre de S. Louis. 1693.

Bataille de Nervinde gagnée par M. de Luxembourg contre le Prince d'Orange.

Bombardement de Saint-Malo par les Anglois, la machine infernale ne fait point d'effet.

Dieppe & le Havre bombardés par les Anglois, ils s'approchent de Dunkerque avec deux machines qui ne font nul effet. 1694.

Le Capitaine Jean Bart avec six fregattes bat huit vaisseaux Anglois & en prend trois, il dégage cent bâtimens.

Paix avec la Savoye, mariage de Marie-Adélaïde de Savoye avec M. de Bourgogne. 1696.

Traité de Riſwick qui donne la paix à toute l'Europe. 1697.

M. le Duc d'Elbeuf épouſe Mademoiſelle de Chartres au nom du Duc de Lorraine Leopold. Ce Prince avoit une Patente de l'Empereur qui lui accordoit le titre d'Alteſſe Royale, comme étant fils d'une Archiducheſſe qui avoit été Reine de Pologne.

Le Roi donne audience à l'Ambaſſadeur du Roi de Maroc.

Le Roi accepte le teſtament de Charles II. Roi d'Eſpagne. 1700.

Philippe V. eſt proclamé Roi à Madrid.

Alliance du Roi de Portugal avec la France & l'Eſpagne.

Mort de Jacques II. Roi d'Angleterre à Saint-Germain en Laye.

Frédéric Electeur de Brandebourg eſt proclamé Roi de Pruſſe. 1702.

Bataille de Fredelinghen, le Maréchal de Villars défait l'armée Impériale.

Trouble des Camiſars dans les Sevennes, le Maréchal de Villars les calme. 1703.

Bataille d'Hoſtet, le Prince Eugene & Malboroug remportent une victoire ſur les armées de France & de Baviere. 1704.

Bataille de Ramilly en Flandre,

les François sont défaits, & perdent
plusieurs Places. 1706.

En Italie les François perdent en quatre heures le Modenois, le Mantouan, le Milanez, &c.

Bataille d'Almanza, les Portugais
& les Anglois sont défaits par le
Maréchal de Berwick. 1707.

Bataille de Malplaquet, l'avantage
est du côté des Impériaux. Belle
retraite des François. 1709.

Surprise de Stolophen par le Maréchal de Villars.

La Reine Anne d'Angleterre dé-
goûtée de la guerre, rappelle Malboroug. 1710.

Paix d'Utrecth. 1712.

Le Roi envoie au Parlement son
testament qui établit un Conseil de
Régence dont M. le Duc d'Orléans
est le Chef. 1714.

Le Roi donne audience à l'Ambassadeur de Perse.

Grand Ecuyer, Louis de Lorraine
Comte d'Armagnac, pere de Henri
Comte de Brionne. 1715.

Mort de Louis le Grand.

Louis XV. fils de Louis Duc de Bourgogne & de Marie Adélaïde de Savoye, petit-fils de Louis Dauphin de France, arriére-petit-fils de Louis XIV. né en 1710. monte sur le thrône en 1715.

Papes.

Léon XI.	Clément IX.
Paul V.	Clément X.
Gregoire XV.	Innocent XI.
Urbain VIII.	Alexandre VIII.
Innocent X.	Innocent XII.
Alexandre VII.	Clément XI.

Hommes illustres.

Le Dominiquin.
S. François de Sales.
Galilée.
Leguide.
Corn. Jansenius.
M. l'Oiseau.
Fr. de Malherbe.
Matth. Regnier.
De Gondi de Retz Cardinal.
Paul Rubens.
Bayle.
Benserade.
Le Caval. Bernin P. Sculp. Arch.
Boileau Despreaux.
Bossuet.
Bourdaloue.
Boursault.
Brebeuf.
Le Brun.
La Bruyére.
Rabutin de Bussi.
Campistron.
Campra.
Du Cange.
Cassini.
Chirac.
P. Corneille.
Th. Corneille.
Coysevox.
And. Dacier.
Mad. Dacier.
Descartes.
Destouches.
Domat.
Madame de la Fayette.
De la Mothe Fenelon.
Flechier.

Flechier.
Lafontaine.
Furetiére.
P. Gassendi.
Girardon.
Grotius.
Hardouin.
Des Houliéres.
La Lande.
Leibnitz.
Locke.
Lulli.
Le Maître de Saci.
Malbranche.
Mansard.
Massillon.
Menage.
De Mezeray.
P. Mignard.
Milton.
Moliére.
Molinos.
Moreri.
Newton.
Nicole.
Le Nôtre.
Parocel.
Pascal.
Gui Patin.
Pelisson.
Ch. Perrault.
Cl. Perrault.

De Polignac Cardinal.
Pope.
Nic. Poussin.
Puffendorf.
P. Puget.
Quesnel.
Quinault.
Jean Racine.
J. F. Renaud.
De Gondi de Retz Card.
Rigault.
De la Rochefoucauld Card.
Ch. Rollin.
J. B. Rousseau.
De S. Evremont.
Vichard de saint Réal.
Jean-Bap. de Santeuil.
Paul Scaron.
Madame de Scuderi.
J. Renard de Segrais.
De Rabutin de Sevigné.
Spinosa.
Eus. Lesueur P.
Levau Arch.

O

De Vaugelas.	Vincent Voiture.
Aubert de Vertot.	Warrin, &c.

FIN.

www.ingramcontent.com/pod-product-compliance
Ingram Content Group UK Ltd.
Pitfield, Milton Keynes, MK11 3LW, UK
UKHW012039240726
13965UKWH00003B/898